Monika Larsen

Volle Power
Die Erstkommunionkids

Illustrationen von Stefanie Klaßen

Kaufmann Verlag

Bibliografische Information der Deutschen Bibliothek
Die Deutsche Bibliothek verzeichnet diese Publikation in der
Deutschen Nationalbibliografie; detaillierte bibliografische Daten
sind im Internet unter http://dnb.ddb.de abrufbar.

1. Auflage 2019
© 2019 Verlag Ernst Kaufmann, Lahr

Printed by Balto Print
ISBN 978-3-7806-6356-6

Inhaltsverzeichnis

Melissa vor, ab ins Tor!

Wütend hebt Tom die Fußballschuhe auf, die neben seinem Schreibtisch liegen, und wirft sie in die Ecke. *Pardauz* – mit lautem Knall treffen sie die Wand und fallen zu Boden. Egal, er braucht die Schuhe heute nicht.

„Was ist denn hier los? Was ist das für ein Krach?" Seine Mutter steckt den Kopf zur Tür herein.

„Nichts", grummelt Tom unfreundlich.

„Na, dann kannst du dich ja auf den Weg zum Kommunionunterricht machen. In einer halben Stunde musst du da sein."

„Ich weiß." Tom verzieht das Gesicht. Deshalb ist er ja so schlecht gelaunt. Warum muss der Kommunionkram auch genau dann stattfinden, wenn er Fußballtraining hat? Jetzt hat er bis zur Kommunion im Frühjahr nur einmal die Woche Training. Viel zu wenig!

Missmutig trabt er los. An der nächsten Straßenecke wartet sein Freund Ben auf ihn.

Er macht ein genauso finsteres Gesicht wie Tom. „Oh man, ich wäre jetzt lieber beim Fußball", murrt er und kickt einen Stein über die Straße.

„Wem sagst du das?", antwortet Tom. „Nur noch einmal die Woche Training. Und das bis April. Total ätzend."

Zusammen legen sie die restliche Strecke zurück.

Am Eingang des Gemeindehauses wartet der Pfarrer schon auf sie.

„Hallo, ihr zwei. Schön, dass ihr da seid", begrüßt er sie freundlich. „Ich heiße Martin Prigge." Er sieht Ben an. „Und du bist Tom?"

Ben schüttelt den Kopf. „Ich bin Ben. Das ist Tom."

„Okay." Pfarrer Prigge lacht. „Na, dann mal rein mit euch." Er führt sie durch den Gemeindesaal in einen freundlichen, hellen Raum mit großen Fenstern.

„Ach, kommt ihr auch noch mal?", tönt es ihnen entgegen.

„Hey, Lukas." Tom winkt einem Jungen zu, der mit einigen anderen Kindern zusammensteht und sie fröhlich angrinst. Seine Laune bessert sich etwas, als er auch noch Oskar entdeckt. Lukas und Oskar gehen genau wie Ben in seine Klasse. Neugierig sieht Tom sich weiter um. Bis auf einen dunkelhaarigen Jungen, der ihn mit „Hallo, ich bin Pedro" begrüßt, sind nur noch Mädchen im Raum. Tamara und Amelie aus seiner Klasse und Lisa, Mona und Britta aus der Parallelklasse. Eigentlich ein ganz netter Haufen, stellt Tom fest.

In dem Moment öffnet sich die Tür. Noch ein Mädchen stürmt herein und läuft zu Lisa, Mona und Britta. Tom verzieht das Gesicht. Melissa! Eigentlich mag er Melissa. Doch kurz vor den Sommerferien ist sie in seine Fußballmannschaft gekommen und steht genau wie er am liebsten im Tor. Sie ist zwar wirklich gut, aber das war und ist nun mal seine Position.

„Die hat mir gerade noch gefehlt", raunzt er Ben mürrisch zu.

Sein Freund verpasst ihm einen leichten Boxhieb in die Seite. „Nun hab dich mal nicht so. Melissa ist doch voll in Ordnung. Du bist nur sauer, weil sie auch gern im Tor steht. Ich finde es jedenfalls gut, wenn wir einen Ersatztorwart haben.

Und sonst will doch niemand von uns das machen." Er winkt Melissa fröhlich zu.

„Mmh ...", brummt Tom und vermeidet es, in Melissas Richtung zu sehen.

In der Zwischenzeit sind alle Kinder eingetroffen und Pfarrer Prigge beginnt mit dem Kommunionunterricht. Zunächst erzählt er ihnen, was sie in den nächsten Monaten erwartet. „Wir werden hier im Unterricht viel über die Bibel sprechen und über Gott und Jesus. Außerdem basteln wir zusammen eure Kommunionkerzen. Aber daneben machen wir noch ein paar andere Dinge. Denn zum Glauben gehört auch die Gemeinschaft. Das heißt, dass wir viel Zeit miteinander verbringen werden und dass wir füreinander da sind. Deshalb stehen ein paar Ausflüge auf dem Programm und wir werden hier im Gemeindehaus ein Übernachtungswochenende veranstalten. Und dabei können wir vielleicht eine Nachtwanderung machen."

Nachtwanderung?! Tom horcht auf. Das hört sich spannend an. Vielleicht wird das Ganze hier ja doch besser als gedacht. Seine Laune steigt und als der Unterricht vorbei ist, winkt er auch Melissa zum Abschied zu.

Zwei Tage später treffen sie sich beim Fußballtraining wieder. Hoffentlich kann heute ich ins Tor und nicht Melissa, denkt Tom. Doch schon beim Aufwärmen knickt er mit dem linken Fuß so schlimm um, dass seine Eltern ihn abholen und mit ihm zum Arzt fahren müssen.

„Oh, verdammt", flucht Ben, als sein Freund am nächsten Morgen auf Stützen in die Schule kommt. „Wie schlimm ist es? Bist du Sonntag in zwei Wochen wieder fit?"

Toms Gesicht verfinstert sich. In zwei Wochen ist der 3. September, der Tag des Fußballturniers, bei dem die Siegermannschaft Trikots für das ganze Team gewinnen kann.

„Nein", antwortet er geknickt und seufzt tief. „Ich hab mir den Fuß verstaucht. Der Arzt hat gesagt, ich darf ihn eine Woche lang gar nicht belasten und erst in drei Wochen langsam wieder mit Sport anfangen." Die letzten Worte kann er nur krächzen. Ihm sitzt ein dicker Kloß im Hals. Mühsam hält er die Tränen zurück. Er schluckt schwer und murmelt leise: „Dann muss Melissa wohl ins Tor."

„Hmm …", überlegt Ben. „Melissa ist schon ganz gut. Aber ich glaube, für das Turnier reicht es noch nicht."

Tom nickt bedrückt. Sein Freund hat recht. Er wünschte jetzt, er hätte Melissa beim Training häufiger ins Tor gelassen. Dann hätte sie schon mehr Übung. Er könnte ihr natürlich ein paar Ratschläge geben und ein bisschen mit ihr trainieren. Vielleicht hätte seine Mannschaft dann doch noch eine Chance, das Turnier und damit den Satz Trikots zu gewinnen.

Tom gibt sich einen Ruck und holt tief Luft. „Bin gleich wieder da", sagt er und humpelt zur anderen Seite des Schulhofs. Dort steht Melissa mit dem Rücken zu ihm und unterhält sich mit Mona und Britta.

„Ähm ...", räuspert sich Tom und tippt ihr auf die Schulter. „Melissa?"

Melissa dreht sich um und mustert ihn erstaunt. Ihr Blick fällt auf seine Stützen und den bandagierten Fuß. „Oh nein, Tom. Ist das vom letzten Training? Ist es sehr schlimm?"

„Ja", antwortet Tom und fährt fort: „Ich bin für mindestens drei Wochen außer Gefecht. Deshalb musst du beim Turnier in zwei Wochen ins Tor."

Melissa wird blass und stammelt. „Aber ... das ... das kann ich nicht. Dafür bin ich noch nicht gut genug", sagt sie. „Oh man! Dann verlieren wir bestimmt."

Tom zögert nur einen Augenblick, dann macht er Melissa Mut.

„Das stimmt doch gar nicht. Du machst das schon ziemlich gut ... Wenn du willst, übe ich bis zum Turnier mit dir. Wir können uns immer auf dem Bolzplatz beim Gemeindehaus treffen."

„Ehrlich? Das würdest du tun?", fragt Melissa erstaunt.

„Na ja, für die Mannschaft", murmelt Tom verlegen. „Außerdem ... wenn ich dich beim Training häufiger ins Tor gelassen hätte, wärst du jetzt schon viel fitter." Tom blickt betreten auf den Boden. „Also, was sagst du?"

Melissa lacht. „Okay, ich bin dabei."

In den nächsten zwei Wochen treffen sie sich, sooft es geht. Am Anfang machen sie immer ein paar Lockerungs- und Dehnübungen. Danach trainieren sie Reflexe. Dazu muss sich Melissa mit dem Rücken zu Tom ins Tor stellen. Auf Zuruf dreht sie sich blitzschnell um und versucht den Ball zu erwischen, den Tom Richtung Tor wirft. Und natürlich üben sie immer wieder den unteren Umarmungsgriff, bei dem Melissa den Fußball fängt und unter sich begräbt.

Nachdem sie am Samstag vor dem Turnier ein letztes Mal zusammen trainiert haben, erklärt Tom: „Das klappt doch super, Melissa. Ich glaube, mit dir im Tor haben wir morgen eine richtig gute Chance."

„Danke." Melissa strahlt ihn an. Sie freut sich sehr über das Lob.

Am nächsten Tag sitzt Tom mit Oskar, Lukas, Lisa, Mona und Britta auf der Zuschauertribüne am Fußballplatz. Seine Hände sind schweißnass vor Aufregung und in seinem Bauch vollführen Horden von Krabbeltieren einen Stepptanz. Wie mag es erst Melissa gehen? Nervös schaut Tom aufs Spielfeld.

Gerade laufen die Mannschaften ein und werden von Herrn Baumann, dem Organisator des Turniers, begrüßt. Ungeduldig rutscht Tom auf seinem Platz hin und her. Hoffentlich dauert die Rede nicht so lange. Doch zum Glück fasst Herr Baumann sich kurz und endlich ist es so weit. Die Spiele beginnen. Tom feuert seine Mannschaft lauthals an. Und es

läuft richtig gut. Zum Schluss stehen sie tatsächlich im Finale gegen das Team der Nachbarstadt.

Tom schlägt das Herz bis zum Hals, als das alles entscheidende Spiel beginnt. Eine ganze Weile steht es 0:0, doch dann bekommt Ben den Ball. Er stürmt aufs gegnerische Tor zu und … „Tor!“, brüllt Tom begeistert. Er kann es gar nicht fassen. Jetzt bloß den Vorsprung halten! Stolz beobachtet er, wie

Melissa einige gefährliche Torschüsse der anderen Mannschaft abwehrt.

„Super, Melissa!", brüllt er übers Spielfeld.

Die letzte Minute bricht an und die gegnerische Mannschaft hat den Ball. Da macht Toms Mannschaft einen Abwehrfehler. Ein gegnerischer Stürmer spielt sich frei und rennt auf Melissa zu. Tom stöhnt auf. Hoffentlich geht das gut. Aufgewühlt schaut er zu Melissa hinüber. Sie trippelt auf der Stelle und ist vollkommen auf den gegnerischen Spieler konzentriert. Der holt mit dem rechten Fuß aus und schießt. In hohem Bogen fliegt der Ball auf die linke Torhälfte zu. Blitzschnell wirft Melissa sich ihm entgegen, macht sich so lang sie kann und … begräbt ihn sicher unter sich.

Ohne auf den Schmerz in seinem Fuß zu achten, springt Tom auf, reißt die Arme hoch und jubelt. Im nächsten Moment pfeift der Schiedsrichter das Spiel ab. Juhu! Gewooooonnen!!!

So schnell er kann humpelt Tom aufs Spielfeld.

„Super, Alter." Er klopft Ben auf den Rücken. Dann klatscht er Melissa ab. „Das war total krass, Melissa. Ich weiß nicht, ob ich den Ball erwischt hätte."

„Ehrlich?" Melissa lacht erleichtert. „Ich habe auch erst gedacht, ich kriege ihn nicht."

„Hast du aber", meldet Ben sich zu Wort. „Tom hat recht. Du warst super, Melissa. Und wisst ihr, was ich obercool finde?"

Die anderen beiden sehen ihn fragend an.

„Dass wir neue Trikots bekommen?", fragt Melissa.

„Das auch", antwortet Ben und lacht. „Aber richtig cool finde ich, dass wir jetzt zwei super Torhüter haben."
Tom grinst Melissa verlegen an und sagt: „Stimmt. Das ist echt cool."

Linksfußtage und Wutmonster

„Aaaahhh", schreit Britta, als ihr der Zahnputzbecher aus der Hand rutscht, im Waschbecken landet und sein Inhalt einen großen nassen Fleck auf ihrem T-Shirt hinterlässt. „Mist", schimpft sie. „Jetzt kann ich mir ein neues holen."

Sie stapft in ihr Zimmer und reißt die Tür des Kleiderschranks auf. So heftig, dass der halbe Inhalt ihr entgegenkommt und sie unter sich begräbt. Britta rappelt sich auf, schnappt sich das nächstbeste T-Shirt und zieht sich um. In ihrem Bauch grummelt leise ein Wutmonster.

„Na super", denkt sie. „Ein Linksfußtag. Ich hasse Linksfußtage."

Linksfußtage – so nennt Britta Tage, an denen alles schiefgeht, an denen ständig doofe Sachen passieren, an denen sie scheinbar mit dem linken Fuß zuerst aufgestanden ist.

Mit finsterem Gesicht geht sie in die Küche und … na klar! War ja nicht anders zu erwarten. Da sitzt der Kerl doch schon wieder auf ihrem Platz. Das Wutmonster in Brittas Bauch grummelt lauter.

„Runter da, Fabi", fährt sie ihren Bruder an. „Das ist mein Platz. Das weißt du genau."

„Jetzt sitz ich aber hier", widerspricht Fabian.

„Nein, jetzt verschwindest du da."

„Nö, du kannst ja meinen Platz nehmen."

„Denkste, verschwinde!" Britta rüttelt an dem Stuhl, auf dem ihr Bruder sitzt. Das Wutmonster in ihrem Bauch hüpft auf und ab und ballt die Fäuste.

„Fabi, lass deine Schwester auf ihren Platz", mischt sich ihre Mutter ein. „Und du, Britta, du musst nicht immer gleich losmotzen. Das kann man auch freundlich regeln."

Fabian murrt und gibt Brittas Platz frei. Seine Schwester wirft ihm noch einen wütenden Blick zu und lässt sich dann schwer auf ihren Stuhl plumpsen. Sie nimmt sich ein Brötchen, greift nach dem Nutella-Glas, schraubt es auf und … Linksfußtag! Wutmonsterpurzelbäume!

„Das ist ja leer! Vorgestern war es doch noch voll. Das warst du, Lotte. Gib es zu. Du warst bestimmt wieder mit dem Löffel dabei!"

„Nein, war ich nicht", verteidigt sich Brittas kleine Schwester. „Das war Papa."

„Papa!" „Bernd!", rufen Britta und ihre Mutter gleichzeitig.

Brittas Vater verkriecht sich hinter seiner Zeitung und nuschelt: „Stellt euch mal nicht so an. Ich habe nur einen oder zwei Löffel voll genommen."

„Und was soll ich jetzt essen?", fragt Britta. „Da ist ja sonst nichts."

Die verschiedenen Marmeladentöpfchen, der Käse, die Salami, auch der Quark – das ist alles nichts. Das mag sie nicht. Na ja, nicht so gern. Weil aber gerade ihr Magen anfängt, mächtig zu knurren, bestreicht Britta ihr Toastbrot dann doch mit Erdbeermarmelade.

Nach dem Frühstück packt sie die gefüllte Brotdose in die Schultasche und schlüpft in ihre Jacke. Da klingelt es auch schon.

„Das ist bestimmt Mona", ruft Britta. „Ich bin dann weg. Bis später."

Auf dem Weg zum Bus ist natürlich das gestrige Fußballspiel Thema Nummer eins.

„Melissa war einfach super", schwärmt Britta. „Besser hätte Tom es auch nicht machen können."

Mona nickt und sagt: „Und jetzt ist zum Glück auch dieser ständige Konkurrenzkampf zwischen den beiden vorbei. Nach dem Spiel haben sie sich nämlich darauf geeinigt, immer abwechselnd im Tor zu stehen."

„Na also", meint Britta. „Warum nicht gleich so."

An der nächsten Weggabelung hält sie inne.

„Komm, Mona", schlägt sie vor. „Wir nehmen den langen Weg zur Haltestelle. Da sind bestimmt noch Kastanien am Sportplatz. Die können wir für den Kommunionunterricht sammeln."

Mona sieht Britta verständnislos an. „Was willst du denn im Kommunionunterricht mit Kastanien?"

„Na, Pfarrer Prigge hat doch vor, mit uns Figuren zu basteln und damit eine Bibelgeschichte nachzustellen. Und Kastanien wären super dafür. Also los, auf zum Sportplatz." Britta will Mona mit sich ziehen. Doch ihre Freundin reißt sich los. „Nee, lieber nicht", sagt sie. „Dann verpassen wir bestimmt den Bus."

Britta verdreht die Augen. „Ach komm, du Angsthase. Den kriegen wir schon noch."

„Nein, ich will nicht."

„Mona, du bist echt doof. Immer muss alles nach dir gehen."

„Gar nicht wahr. Du bestimmst doch immer alles."

„Weil du immer nur so langweilige Sachen machen willst."

„Dann geh doch allein am Sportplatz lang. Ich geh jedenfalls den kurzen Weg."

Mona wendet sich ab und lässt Britta stehen.

Na klasse, jetzt auch noch Krach mit Mona. Linksfußtag! Das Wutmonstergrummeln in Brittas Bauch ist wieder da. Und es ist noch viel schlimmer als vorher. Dabei weiß Britta nicht mal genau, ob sie sich über Mona ärgert oder über sich selbst, weil sie den dummen Streit angefangen hat. Aber nachgeben will sie auch nicht und so schlägt sie den langen Weg zum Bus ein. Am Sportplatz sucht sie nach Kastanien. Doch irgendwer ist ihr zuvorgekommen. Sie findet nur drei Stück, stopft sie in die Jackentasche und schaut auf die Uhr. Jetzt aber schnell, sonst verpasst sie den Bus wirklich noch.

Als sie um die Ecke bei der Haltestelle biegt, sieht sie gerade noch, wie die Türen des Schulbusses sich schließen. Alles Winken und Rufen hilft nicht. Er fährt ohne sie ab. Linksfußtag! Das Wutmonster in ihrem Inneren ist jetzt so groß, dass Britta das Gefühl hat, keine Luft mehr zu bekommen.

„He, da bist du ja endlich."

Britta fährt herum. Auf der Bank im Bushaltehäuschen sitzt Mona und grinst sie an. „Ich habe mir gedacht, ich warte auf

dich. Dann kriegen wir zusammen den Ärger fürs Zuspät-
kommen. Das ist dann irgendwie nur halb so schlimm, oder?"

Britta kriegt keinen Ton heraus. Da sitzt ihre beste Freundin und wartet auf sie, obwohl sie so gemein zu ihr gewesen ist. Verlegen schaut sie auf den Boden und spürt, wie
das Wutmonster in ihrem Bauch immer kleiner wird. Sie
atmet tief durch und lässt sich neben Mona auf die Bank
fallen.

„Ich war total doof, oder?", fragt sie.

Ihr Freundin nickt und erklärt todernst: „Superdoof. Eine
richtige Zicke." Doch dann kann sie sich ein Grinsen nicht
verkneifen.

Britta kichert erleichtert und sagt: „Eine richtige OberZicke,
meinst du wohl."

„Nee, eine richtige SuperOberZicke."

„Eine richtige MegaSuperOberZicke."

„Nein, eine HammerMegaSuperOberZicke."

Britta und Mona sehen sich an. Dann prusten beide gleichzeitig los. Sie lachen und lachen, bis sie kaum noch Luft bekommen. Als endlich der nächste Bus kommt und sie einsteigen, hat das Wutmonster in Brittas Bauch sich längst aus
dem Staub gemacht. Denn eines ist mal klar: Gegen eine
echte Freundin haben Linksfußtage und Wutmonster nicht
die geringste Chance.

Eine halbe Stunde später steigen Britta und Mona an der
Haltestelle vor der Schule aus dem Bus. Im Laufschritt legen

sie die letzten Meter zurück. Die erste Stunde hat natürlich schon angefangen. Herr Brandstedt, ihr Klassenlehrer, sieht die beiden streng an, als sie zur Tür hereinschleichen.

„Entschuldigung", murmelt Britta. „Wir haben den Bus verpasst."

Lisa, die am Tisch neben ihnen sitzt, flüstert Mona zu: „Du warst doch vorhin an der Haltestelle, als der Bus dort gehalten hat. Warum bist du denn nicht eingestiegen?"

„Britta wollte am Sportplatz noch Kastanien sammeln und ich habe auf sie gewartet", flüstert Mona zurück.

In der großen Pause suchen Lisa, Mona und Britta sich einen schattigen Platz unter den Bäumen am Rand des Schulhofs.

„Waren denn am Sportplatz noch Kastanien?", fragt Lisa.

Britta schüttelt betrübt den Kopf. „Nein, nicht wirklich. Ich hab nur drei Stück gefunden." Traurig stochert sie mit einem

Stock in der Erde herum. „Dabei kann man aus Kastanien so tolle Figuren basteln."

„Weißt du", erklärt Mona Lisa, „Britta hat dabei an den Kommunionunterricht gedacht."

„Ach so, ihr meint wegen der Bibelgeschichte, die Pfarrer Prigge mit uns nachstellen will?"

Britta und Mona nicken.

„Hmm …" Lisa runzelt nachdenklich die Stirn. „Wie wär's", schlägt sie vor, „wenn wir morgen eine Stunde früher zum Kommunionunterricht losgehen und den Weg durch den Stadtpark nehmen? Am Samstag lagen da noch ganz viele Kastanien rum."

Britta und Mona nicken begeistert. „Super Idee, das machen wir!"

Nennt mich einfach Dru

Am nächsten Tag erscheinen Lisa, Mona und Britta bepackt mit zwei großen Leinenbeuteln voller Kastanien im Kommunionunterricht.

„Daraus können wir die Figuren für die Bibelgeschichte basteln", erklärt Britta den anderen.

„Das ist eine gute Idee", findet Pfarrer Prigge. Er verschwindet und kommt mit einer Kiste vollgestopft mit Scheren, Bastelkleber und Stoffresten zurück. Auch ein paar Streichholzschachteln hat er aufgetrieben. Mit Feuereifer machen die Kinder sich ans Werk. Nach und nach entstehen kleine und größere vierbeinige und zweibeinige Figuren.

Alle sind so vertieft in ihre Arbeit, dass niemand merkt, wie sich die Tür öffnet und ein Mädchen hereinschlüpft. „Hallo, ich bin Drusella. Aber nennt mich einfach Dru", sagt es laut und deutlich und schaut mit einem verschmitzten Grinsen in die Runde.

Überrascht sehen die anderen von ihrer Bastelarbeit auf.

„Da bin ich ja genau richtig gekommen", erklärt Dru fröhlich und betrachtet die Kastanienfiguren. „Ich liebe Kastanien."

Das ist nicht zu übersehen. Drus wilde Mähne wird nur mühsam von einem Haargummi zusammengehalten, an dem eine glänzende Kastanie prangt, und auch ihre Ohrringe und ihre Kette sind aus den braunen Früchten gemacht.

„Hallo, Dru", begrüßt Pfarrer Prigge sie. „Ich habe erst nächste Woche mit dir gerechnet."

„Wir sind etwas früher hergezogen, deshalb bin ich heute schon da", antwortet das Mädchen mit dem seltsamen Namen.

„Sehr schön, dann mache ich dich jetzt mit den anderen bekannt."

„Nicht nötig. Das kann ich selbst", erklärt Dru selbstbewusst. Sie baut sich vor Ben auf. „Hallo, ich bin Dru. Hast du ja schon gehört. Und wie heißt du?"

„Ben", krächzt Ben und starrt Drus auffälligen Schmuck an.

„Die sind schön, oder?", fragt Dru und bringt ihre Ohrringe zum Schaukeln. Ben schluckt und kann nur nicken. Er macht ein so verwirrtes Gesicht, dass die anderen in schallendes Gelächter ausbrechen.

Schon nach wenigen Wochen kann sich niemand mehr den Unterricht ohne Dru vorstellen. Sie sprüht vor Ideen, ist lustig und fröhlich und erscheint immer in den schrägsten Klamotten. Mal ist sie bunt wie ein Papagei gekleidet, dann wieder schwarz wie eine Krähe oder glitzernd wie ein Einhorn.

Ende September verkündet Pfarrer Prigge: „Nächsten Samstag ist es so weit. Dann findet hier im Gemeindehaus unser Übernachtungswochenende statt. Nachmittags machen wir einen Ausflug zum Stausee und fahren dort Tretboot. Ich hoffe, dass dabei niemand von euch über Bord geht. Aber ihr könnt ja alle schwimmen", scherzt er.
„Klasse! Das wird toll", jubelt Tom. Auch die anderen sind begeistert und fangen vor Aufregung an, wild durcheinanderzureden.
Pfarrer Prigge grinst und fährt fort: „Und nach dem Abendessen machen wir die versprochene Nachtwanderung. Drückt alle die Daumen, dass das Wetter mitspielt, und denkt daran, Luftmatratzen, Schlafsäcke, Taschenlampen und was ihr sonst noch so braucht mitzubringen."

Sie haben Glück. Am Samstag lässt sich keine Wolke am Himmel blicken. Die Kinder haben einen Riesenspaß beim Tretbootfahren. Ihr Gelächter ist bis ans Ufer zu hören und ins Wasser fällt auch niemand. Vergnügt kehren sie abends mit knurrenden Mägen zum Gemeindehaus zurück. Gut, dass

Toms Vater und Tamaras Mutter inzwischen angekommen sind und Kartoffelsalat und Würstchen mitgebracht haben.

„Okay, Leute", ruft Pfarrer Prigge die Kinder nach dem Essen zusammen. „Wir bilden jetzt drei Vierergruppen. Eine geht mit Toms Vater, eine mit Tamaras Mutter und eine mit mir. Es gibt drei Schatzkisten, eine für jede Gruppe. Und ich habe drei verschiedene Wanderkarten vorbereitet. Jede führt zu einer Schatzkiste. Wenn alles nach Plan läuft, treffen wir uns in etwa einer Stunde wieder hier. Habt ihr eure Lampen dabei?"

Augenblicklich schnellen zwölf Hände mit Taschenlampen in die Höhe.

„Super, dann kann es ja losgehen."

Pfarrer Prigge verteilt die Schatzkarten.

Frau Salzberg, Tamis Mutter, begleitet Dru, Amelie, Oskar und Lukas. Sorgfältig studieren die Kinder ihre Karte.

„Ich glaube, wir müssen dort hinten am Waldrand anfangen", sagt Lukas und zeigt auf die Bäume hinter der Garage des Gemeindehauses. „Da gibt es einen kleinen Pfad, genau wie hier auf der Karte."

Frau Salzberg nickt. „Du hast recht, Lukas. Dann mal los."

Das lassen sich die vier nicht zweimal sagen. Aufgeregt stürmen sie in Richtung Wald. An der nächsten Weggabelung schauen sie wieder auf die Karte.

„Wir müssen nach links", stellt Dru fest und stapft entschlossen weiter. Als sie eine kleine Lichtung erreichen, ist es schon ziemlich dämmrig geworden.

„Ich glaube, hier muss es irgendwo sein", meint Amelie. Ihre
Stimme zittert ein bisschen. Ängstlich schaut sie immer wieder zu den Schatten zwischen den großen Bäumen am Waldrand. Was, wenn sich dort jemand im Gebüsch versteckt? So
wie in dem Buch, das sie vor Kurzem gelesen hat … Sie atmet tief durch. „Ach was, jetzt sei kein Angsthase, Amelie",
spricht sie sich in Gedanken selbst Mut zu und fährt, an die
anderen gewandt, laut fort: „Auf der Karte ist das Kreuz für
den Schatz auf einer Lichtung eingezei..."
„Uuuuuuhhh!" Ein lang gezogenes Heulen schallt durch den
Wald. Erschrocken zuckt Amelie zusammen. „Was war das?
Dru, was war das?"

Dru versetzt Lukas, der breit grinsend dasteht, einen leichten Boxhieb an die Schulter. „Was soll das, Blödmann? Mach Amelie doch keine Angst."

„Schon gut, schon gut. Tut mir leid, Amelie", entschuldigt sich Lukas. „Kommt jetzt, wir müssen die Schatzkiste finden."

Während Dru, Amelie und Tamis Mutter mit ihren Taschenlampen den Boden der Lichtung Stück für Stück erkunden, durchsuchen die Jungs die Büsche am Waldrand. Unter einem kleinen Strauch entdeckt Lukas ein Erdloch. Er kniet sich hin, um es genauer zu untersuchen. Mit der Taschenlampe leuchtet er in die Öffnung, als plötzlich eine dicke Spinne aus dem Loch herausschnellt und auf ihn zu krabbelt. „Iiiiih", kreischt Lukas. Blitzschnell springt er auf die Füße und flitzt ans andere Ende der Lichtung.

„Hey, Leute, hierher", ertönt in diesem Moment Drus Stimme. Mit bloßen Händen schaufelt sie Laub und Zweige aus einem hohlen Baumstumpf. „Ich glaube, hier ist was."

Tatsächlich! Eine Holzkiste kommt zum Vorschein. „Erst am Gemeindehaus öffnen!", steht groß und deutlich auf dem Deckel.

„Oh man", grummelt Oskar. „Na dann los, Leute. Machen wir uns auf den Rückweg. Ich will wissen, was da drin ist. Komm, Lukas, wir schleppen den Schatz."

Mit vereinten Kräften hieven die Jungs die Kiste aus dem Baumstumpf. Frau Salzberg geht voran und leuchtet den beiden den Weg. Hinter ihnen bilden Amelie und Dru das Schlusslicht.

Plötzlich beginnt Amelies Taschenlampe zu flackern und geht einen Augenblick später ganz aus.

„Dru, meine Taschenlampe."

„Warte", antwortet Dru. „Ich leuchte dir mit mei… aaah."

Von einer Sekunde auf die andere ist es völlig dunkel.

„Dru, wo bist du?", ruft Amelie erschrocken.

„Hier, Amelie. Ich bin hier. Ich bin nur gestolpert und hab mir das Knie gestoßen. Das gibt bestimmt einen blauen Fleck." Dru seufzt ungeduldig. „Und meine Taschenlampe ist mir auch runtergefallen und ausgegangen. Hilfst du mir suchen?"

Zusammen tasten die Mädchen den Waldboden ab. Vergeblich. Die Taschenlampe bleibt verschwunden.

„Ach, was soll's", erklärt Dru nach einer Weile. „Das bringt doch nichts. Lass uns lieber schnell den anderen nachlaufen."

Doch vom Rest ihrer Gruppe ist nichts mehr zu sehen und zu hören.

„Verdammt", flucht Dru. „Wo sind die? Haben die gar nicht gemerkt, dass wir nicht mehr da sind?"

„Die kommen doch gleich zurück, oder?" Amelie ist den Tränen nahe.

„Klar", erklärt Dru. Ihr ist selbst etwas mulmig zumute. Aber sie will nicht, dass Amelie das merkt. Deshalb fährt sie munter fort: „Wir setzen uns einfach hier auf den Baumstumpf und warten auf sie. Und wir können laut nach ihnen rufen. Vielleicht hören sie uns noch. Los, auf drei. Eins … zwei … drei … Frau Salzberg … Lukas … Oskar … wo seid ihr?"

Angestrengt lauschen die beiden Mädchen auf eine Antwort. Doch sie hören nichts außer den nächtlichen Geräuschen des Waldes, ein Rascheln, als ein kleines Tier durchs Unterholz huscht, und ganz in ihrer Nähe den Schrei einer Eule.

Inzwischen ist es stockdunkel. „Ich hab Angst", schluchzt Amelie.

Dru nimmt ihre Hand. „Keine Sorge, die anderen kommen bestimmt gleich zurück. Weißt du was? Ich erzähle dir solange eine Geschichte. Die ist mir vorhin wieder eingefallen, als ich mir den blauen Fleck geholt habe."

Und schon plappert sie los: „Es war einmal eine Prinzessin, die war ein richtiger Tollpatsch. Ständig stieß sie sich: ihr Schienbein am vergoldeten Schemel des Königs, ihren Kopf an der Rückenlehne des Throns, ihren Arm am Stab des Hofmarschalls und ihren Rücken, als sie aus ihrem königlichen Prinzessinnenbett fiel. Und jedes Mal erschien auf ihrer Haut ein hässlicher roter Fleck. Und weil es immer so lange dauerte, bis ein roter Fleck wieder verschwand, und sie sich jeden Tag mindestens dreimal wehtat, war sie innerhalb kürzester Zeit von roten Flecken übersät. Sie prangten auf ihrer Stirn, an ihren Schienbeinen und an den Armen. Schließlich konnte die Prinzessin kein Rot mehr sehen. Deshalb rief sie die königlichen Farbwichtel zu sich und befahl ihnen, ihre roten Flecken mit einer anderen Farbe zu übermalen. Fleißig machten die Wichtel sich ans Werk und malten die Flecken der Prinzessin blau an. Ein paar Tage später fand die Prinzessin Braun viel schöner und kurz darauf Grün und danach Gelb.

Und als die Prinzessin auch davon genug hatte und sich die gelbe Farbe abwaschen ließ, stellte sie fest, dass die Flecken ganz verschwunden waren und ihre Haut so rosig wie früher aussah – zumindest so lange, bis sie wieder über den Schemel des Königs stolperte, sich am Stab des Hofmarschalls stieß oder aus ihrem königlichen Prinzessinnenbett fiel."

„So ein Blödsinn", lacht Amelie. Für einen Augenblick hat sie ihre Angst völlig vergessen.

„Pst, sei mal still", zischt Dru plötzlich und horcht in den Wald hinein. „Ich glaube, ich habe etwas gehört."

„Dru … Amelie … wo seid ihr?"

„Hier … hier sind wir", rufen die beiden Mädchen, so laut sie können.

Im nächsten Moment tauchen Pfarrer Prigge, Frau Salzberg, Lukas und Oskar zwischen den Bäumen auf.

„Da seid ihr ja! Bin ich froh, dass wir euch gefunden haben." Tamis Mutter ist anzusehen, wie erleichtert sie ist. „Es tut mir schrecklich leid. Ich war so damit beschäftigt, den Jungs mit der Schatzkiste den Weg zu leuchten, dass ich gar nicht ge-merkt habe, dass ihr nicht mehr hinter uns wart."

„Meine Taschenlampe ist ausgegangen und dann ist Dru ge-stolpert und hat ihre Lampe verloren. Und dann war es so dunkel, dass wir nicht wussten, wo wir langgehen sollten", erzählt Amelie aufgeregt.

„Gut, dass ihr einfach gewartet habt", lobt Pfarrer Prigge sie. „Womöglich hättet ihr euch sonst richtig verlaufen. Dann hätten wir euch nicht so schnell gefunden."

Zurück am Gemeindehaus müssen Amelie und Dru allen anderen haarklein von ihrem Abenteuer berichten. Es dauert eine ganze Weile, bis sich die Aufregung gelegt hat und Pfarrer Prigge fragt: „Wollt ihr eigentlich gar nicht wissen, was für Schätze ihr gefunden habt?"

„Doch!", rufen die Kinder einstimmig. Sie stürmen zu den Schatzkisten und öffnen gespannt die Deckel. Lukas bekommt ein cooles Rennauto, Oskar probiert begeistert sein Jo-Jo aus und Dru bindet sich mit ihrem neuen bunten Haargummi sofort einen Pferdeschwanz. Für jeden hat sich Pfarrer Prigge eine tolle Überraschung ausgedacht. Besonders Amelie freut sich sehr über das kleine Notizbuch mit dem schönen Stift, das für sie in der Schatzkiste lag. Sie weiß auch schon genau, was sie als Erstes hineinschreiben wird: die Geschichte der Prinzessin mit den bunten Flecken.

Meuterei

„Klasse Film, oder?" Lukas stößt die Kinotür auf. Gemeinsam mit Tom, Ben und Oskar hat er sich den Piratenfilm angesehen, der letzte Woche angelaufen ist.

„Der war wirklich gut", sagt Tom. „Als die Piraten den Schatz gefunden haben, musste ich wieder an unsere Nachtwanderung mit Pfarrer Prigge denken. Die war auch super, oder?"

„Stimmt." Lukas streicht sich eine Haarsträhne aus dem Gesicht. „Nur dass wir Dru und Amelie verloren hatten, war total uncool."

Oskar nickt. „Aber das ist ja zum Glück gut ausgegangen. Auf jeden Fall war es ein echtes Abenteuer."

„Wo wir gerade von Abenteuern reden", meldet Tom sich wieder zu Wort, „wollen wir uns morgen Nachmittag um drei auf dem neuen Abenteuerspielplatz am Schwimmbad treffen? Da war ich noch nie und da soll es ein richtig cooles Holzschiff geben."

„Echt wahr?" Ben ist begeistert. „Bin dabei."

„Wir auch!", rufen Lukas und Oskar einstimmig.

Am nächsten Tag sind alle pünktlich am Spielplatz. Neugierig sehen sie sich um.

„Krass", Bens Augen fangen an zu leuchten. „Da drüben ist das Holzschiff. Los, wir spielen Piraten. Ich bin der Kapitän."

„War klar", meint Lukas und grinst. „Käpt'n Bestimmer."

Schnell laufen alle zum Schiff und klettern hinauf.

„Ahoi, Käpt'n", baut sich Tom vor Ben auf. „Wohin geht's heute?"

„Wir kreuzen durchs Meer und schauen mal, welche Beute uns über den Weg segelt", antwortet Ben und befiehlt: „Los, Lukas, du steigst in den Ausguck und behältst den Horizont im Auge. Tom, du lichtest den Anker, und du, Oskar, bist unser Smutje."

„Was bin ich? Ein Smut... was?" Verwirrt schaut Oskar Ben an.

„Smutje, das ist der Schiffskoch. Das weiß doch jedes Kind", erklärt Ben ungeduldig und rollt die Augen. „Also, ab mit dir in die Kombüse."

Gutmütig befolgen die anderen drei Bens Befehle. Lukas steigt über das Seilnetz in den Ausguck, Tom tut so, als ob er alle Kraft aufbieten muss, um den Anker zu lichten, und Oskar verzieht sich in die kleine Holzkajüte, die am Ende des Kletterschiffs angebracht ist. Aus seinem Rucksack holt er eine Packung Butterkekse und bereitet einen Piratenschmaus vor. Zurück auf Deck schnauzt Käpt'n Ben ihn an. „Das wurde ja auch Zeit, Smutje. Was hast du so lange gemacht?"

„Äääh …, nix weiter", stammelt Oskar. „Was schreist du mich denn so an?"

„Das macht man so als Piratenkapitän", erklärt Ben. „Und Tom, du faule Socke, setz die Segel. Das hättest du schon längst machen müssen. Muss ich euch denn alles sagen? Lukas, bist du da oben eingeschlafen? Du sollst die Augen aufhalten. So finden wir nie ein Schiff, das wir kapern können."

Tom, Lukas und Oskar sehen sich an. Was ist denn in Ben gefahren? Der spinnt wohl.

„Also, ähm, Ben …", sagt Tom.

„Käpt'n heißt das!", entgegnet sein Freund.

„Okay … Käpt'n. Ich setze jetzt die Segel. Aber dann machen wir eine Pause und essen, was Smutje Oskar für uns gekocht hat."

„Nix da", poltert Ben. „Eine faule Bande seid ihr. Erst wird gearbeitet. Der Einzige, der schon was essen darf, bin ich als Käpt'n."

Toms Gesicht verfinstert sich. Er merkt, wie er langsam immer wütender wird. „Wir können uns ja abwechseln", schlägt er vor. „Gleich will ich mal Kapitän sein und bei mir wird dann erst mal gegessen."

„Nö, ich bleib Kapitän. Ich hab schließlich die Idee gehabt, Piraten zu spielen." Beleidigt verschränkt Ben die Arme.

„Dann kannst du ohne mich Pirat spielen", sagt Tom. „Ich hab keine Lust mehr. Das macht keinen Spaß, wenn du nur rummotzt und wir nur machen dürfen, was du sagst."

„Das ist Meuterei", schreit Ben.

„Ist uns egal. Ich hab auch keine Lust mehr. Du bestimmst immer alles und wir haben nichts zu sagen. Da mach ich nicht mehr mit", mischt sich Oskar ein.

„Ich auch nicht." Lukas klettert aus dem Ausguck und springt zurück aufs Schiffsdeck.

Doch mit einem furchtbaren Geräusch brechen plötzlich die Bretter unter ihm ein.

„Ah, au, au, auuuu... mein Bein", jammert Lukas. Sein rechter Fuß steckt zwischen zerborstenen Holzplanken fest.

Ben stürzt zu ihm.

„Lukas! Bist du okay?"

„Keine Ahnung", schluchzt sein Freund. „Die blöden Bretter sind einfach durchgebrochen."

Vorsichtig versucht Ben, den eingeklemmten Fuß zu befreien. Doch sobald er das Bein berührt, stöhnt Lukas vor Schmerzen auf. Sein Gesicht ist kreidebleich und seine Hände eiskalt. Tom und Oskar stehen wie erstarrt daneben. Fassungslos sehen sie ihren verletzten Freund an, auf dessen Stirn sich kalter Schweiß bildet.

„Ich krieg dein Bein nicht raus, Lukas. Halt es einfach still", sagt Ben, als er erkennt, dass Lukas' Fuß mit jeder Bewegung nur weiter abrutscht.

„Verdammt", flucht er. „Jetzt wäre ein Handy gut." Zu blöd, dass seine Eltern ihm erst zum zwölften Geburtstag eins erlauben wollen. Und Tom, Oskar und Lukas haben auch keins. Das weiß Ben genau. Hektisch sieht er sich um. Auf der Straße ist ein älteres Mädchen aufgetaucht. Vollkommen versunken starrt es auf sein Handy, während es den Weg am Spielplatz entlang einschlägt. Ben atmet auf. Das ist Alina. Sie wohnt in derselben Straße wie er.

„Alina! Warte mal!", ruft er und sprintet zu ihr hinüber.

„Kannst du mir bitte kurz dein Handy leihen?", fragt er. „Mein Freund hatte einen Unfall. Ich muss Hilfe rufen."

Alinas Blick wandert von Ben zum Piratenschiff. Schnell gibt sie ihm ihr Handy, als sie sieht, was passiert ist.

„Danke", sagt Ben, während er eilig den Notruf wählt. Am anderen Ende der Leitung meldet sich eine Frau. „Notrufzentrale Bleißdorf. Sie sprechen mit Frau Sobota."

„Hallo, mein Name ist Ben Fallberg", sagt Ben. „Mein Freund hat sich beim Spielen verletzt."

„Wo ist das passiert?", tönt es aus dem Handy.

Bens Stimme zittert, während er alle Fragen gewissenhaft beantwortet. Inzwischen ist Tom neben ihm aufgetaucht und tritt nervös von einem Fuß auf den anderen. „Was ist?", fragt er, als das Gespräch endlich zu Ende ist. „Kommt Hilfe?"

Ben nickt. „Frau So... äh... keine Ahnung ... auf jeden Fall schickt sie einen Rettungswagen und die Feuerwehr. Am besten gehst du da hinten zur Ecke, Tom, und wartest auf sie. Dann kannst du ihnen zeigen, wo sie hinmüssen."

„Okay, mach ich." Tom ist erleichtert. Endlich kann er auch etwas für Lukas tun. Schnell läuft er zur Straßenecke.

Ben gibt Alina das Handy zurück.

„Danke", sagt er.

„Gern geschehen", antwortet Alina. „Tut mir leid, aber ich muss weiter. Sonst verpasse ich meinen Bus. Kommt ihr klar?"

Ben nickt. „Schon okay." Er schaut ihr nach, als sie ihm zuwinkt und eilig ihren Weg fortsetzt. Dann atmet er tief durch und läuft zum Schiff zurück. Hoffentlich kommt schnell Hilfe. Er versucht zwar, es sich nicht anmerken zu lassen, aber er hat furchtbare Angst um seinen Freund. Lukas ist inzwischen noch blasser geworden und stöhnt immer wieder leise auf.

„Keine Angst", versucht Ben ihn zu beruhigen. „Die Feuerwehr und der Arzt sind gleich da und dann bist du ganz schnell raus aus dem blöden Schiff."

Die nächsten Minuten kommen den Freunden wie Stunden vor. Ben und Oskar reden ununterbrochen mit Lukas, um ihn abzulenken.

Dann endlich – Sirenen! Ein Krankenwagen biegt von der Hauptstraße ab. Tom winkt dem Fahrer wild zu und zeigt ihm den Weg. Kurz danach trifft auch die Feuerwehr ein. Mit ein paar routinierten Handgriffen haben die Feuerwehrmänner Lukas befreit und der Notarzt versorgt sorgfältig die Wunde am Unterschenkel.

„Wie heißt du denn?", fragt er dabei.

„Lukas", antwortet Lukas mit vor Schmerzen zusammengebissenen Zähnen.

„Hallo, Lukas, mein Name ist Dr. Willmann. Ich gebe dir jetzt eine Spritze gegen die Schmerzen. Du wirst sehen, gleich wird es besser. Und die Wunde sieht schlimmer aus, als sie ist. Aber sie muss genäht werden. Deshalb nehmen wir dich mit ins Krankenhaus, okay?"

Lukas nickt tapfer.

„Gut", fährt der Notarzt fort. „Sagst du mir noch, wie deine Eltern heißen und wie ich sie erreichen kann?"

Lukas wirkt schon etwas ruhiger und ist nicht mehr ganz so blass wie vorher. Mit leiser Stimme gibt er dem Arzt die gewünschten Informationen.

Dann hilft Dr. Willmann ihm in den Krankenwagen und Lukas winkt seinen Freunden zum Abschied zu.

„Geht es Lukas bald wieder gut?", fragt Tom den Arzt beklommen.

„Ganz bestimmt", beruhigt Dr. Willmann ihn. „Die Wunde muss zwar genäht werden, aber sie ist zum Glück nicht sehr tief. Und Lukas braucht eine Tetanusspritze. Ihr werdet sehen, bald rennt er wieder mit euch durch die Gegend."

Er lächelt Tom, Oskar und Ben aufmunternd zu, bevor er sich verabschiedet.

Puh! Erleichtert schauen die drei dem Krankenwagen nach. Ben hat ganz wackelige Beine von der ganzen Aufregung. Und auch Tom und Oskar sehen ziemlich mitgenommen aus. Inzwischen haben die Feuerwehrmänner ihre Gerätschaften eingepackt und das Piratenschiff abgesperrt, damit nicht noch ein Unfall passiert.

„So, Jungs", erklärt der Einsatzleiter. „Wir sind hier fertig. Das muss ein Konstruktionsfehler gewesen sein. Das Schiff ist ja

41

noch ganz neu. Eigentlich hätte das nicht passieren dürfen. Aber euer Freund ist jetzt gut versorgt. Wie kommt ihr denn nach Hause? Habt ihr es sehr weit?"

Tom schüttelt den Kopf. „Nein, nicht weit und wir müssen alle drei in die gleiche Richtung."

„Dann macht euch am besten sofort auf den Heimweg, ehe es dunkel wird."

Die drei Freunde nicken und bedanken sich für die Hilfe.

„Kein Problem, Jungs. Haben wir gern gemacht. Dafür sind wir ja da."

Der Feuerwehrmann verabschiedet sich und steigt zu seinen Kollegen in das Feuerwehrauto.

„Man, Leute. Das war vielleicht krass", sagt Ben, als das Feuerwehrauto hinter der nächsten Kurve verschwunden ist und sie wieder allein auf dem Spielplatz sind. „Für heute habe ich echt genug. Ich will nur noch nach Hause."

Tom und Oskar nicken müde. In Gedanken sind sie noch immer bei Lukas. Schweigend und etwas bedrückt laufen die drei Freunde gemeinsam zurück.

Schon am nächsten Tag wird Lukas aus dem Krankenhaus entlassen und Tom, Ben und Oskar besuchen ihn nachmittags zu Hause. Er hat einen Verband um seinen rechten Unterschenkel.

„Zehn Stiche", begrüßt er sie und grinst. „Das gibt eine tolle Piratennarbe."

Ganz genau muss er den anderen erzählen, wie die Fahrt im Krankenwagen war und was im Krankenhaus gemacht wurde.

„Mama hat euch gelobt", beendet er seinen Bericht. „Der Notarzt, Dr. Willmann, hat ihr erzählt, dass ihr alles genau richtig gemacht habt."

„Das war eigentlich nur Ben", sagt Tom. „Oskar und ich waren wie gelähmt vor Schreck, als wir dein Bein zwischen den ganzen Holzsplittern gesehen haben und du so furchtbar gestöhnt hast. Aber Ben war super. Der hat uns genau gesagt, was wir machen sollen."

„Unser Käpt'n Bestimmer eben", scherzt Lukas.

„Genau", lachen die anderen.

Ben grinst schief. „Okay, okay, vielleicht war ich als Piratenkapitän ein bisschen zu streng."

„Ein bisschen?" Tom grinst gutmütig und verpasst seinem Freund einen freundschaftlichen Klaps auf die Schulter.

„Na ja, vielleicht nicht nur ein bisschen", gibt Ben zu. „Aber wisst ihr was? Wenn wir wieder Piraten spielen, ist Lukas unser Käpt'n." Er lacht: „Vielleicht hat er bis dahin ja ein Holzbein."

„Käpt'n Holzbein?" Lukas grinst verschmitzt. „Klingt nicht schlecht."

Was ist bloß mit Lisa los?

„Hey, Lisa, alles okay?"

Lisa zuckt zusammen, als Mona sie mit dem Ellbogen anstößt.

„Klar, alles gut", flüstert sie zurück und wirft einen kurzen, unsicheren Blick zur Tafel. Frau Kronjäger mag es nicht, wenn ihr Deutschunterricht gestört wird.

Mona ist das egal. „Quatsch, Lisa", fängt sie wieder an. „Du hast doch was."

Lisa seufzt. Ihre Freundin hat recht. Aber sie will nicht darüber reden, nein, sie kann nicht darüber reden.

„Nee", zischt sie deshalb. „Alles gut. Lass mich einfach in Ruhe."

Beleidigt wendet Mona sich ab.

„Na super", denkt Lisa traurig, „ich habe das doch gar nicht böse gemeint. Aber ich kann es Mona nicht erzählen. Sie versteht das bestimmt nicht. Genau wie Mama und Papa es nicht verstehen und einfach nicht merken, was mit mir los ist."

Auf dem Weg in die große Pause hält Lisa ihre Freundin fest.

„Tut mir leid, dass ich vorhin so doof war. Ich hab nur etwas Bauchweh. Sollen wir uns wieder vertragen?" Sie senkt den Kopf. Das mit dem Bauchweh ist nur die halbe Wahrheit, aber zum Glück fragt Mona nicht weiter.

Am Nachmittag klingelt es bei Lisa an der Haustür. Es ist Mona.

„Hi, Lisa", sagt sie. „Hast du immer noch Bauchschmerzen?" Lisa schüttelt den Kopf. „Nein, komm rein. Ich bin gerade mit den Hausaufgaben fertig. Wollen wir was spielen?"

„Oh ja." Mona schlüpft an ihr vorbei ins Haus. „Das Karten-spiel von letztens, das mit den lustigen Bildern", schlägt sie vor. „Das hat Spaß gemacht."

Schnell holt Lisa das Spiel und sie machen es sich in ihrem Zimmer gemütlich. Mona packt die Karten aus, mischt sie gründlich und teilt sie auf. „Ich fang an", ruft sie und spielt die erste Karte aus. In dem Moment erscheint Lisas Mutter in

der Tür. „Hallo, Mona", begrüßt sie die Freundin ihrer Tochter und fährt fort: „Lisa-Maus, ich muss kurz zur Apotheke und noch etwas einkaufen. Wenn was ist, rufst du mich auf meinem Handy an, okay?"

Lisa nickt nur und wendet sich wieder dem Kartenspiel zu.

Schnell sind die Freundinnen ganz ins Spiel versunken und ehe sie sich versehen, ist der Nachmittag vorbei.

„Oh, es ist ja schon fast sechs", ruft Mona nach einem Blick auf ihre Armbanduhr. „Ich muss los, sonst komme ich zu spät zum Abendessen."

Lisa bringt ihre Freundin zur Tür, als diese von außen geöffnet wird.

„Da bin ich wieder, ihr zwei", sagt Lisas Mutter. „Hattet ihr einen schönen Nachmittag?"

Mona nickt. „Wir haben die ganze Zeit Karten gespielt und Lisa hat meistens gewonnen."

„Ja, das kenne ich. Ich verliere auch immer gegen sie." Lisas Mutter lacht und legt einen Arm um ihre Tochter. „Stimmt's, mein Schatz?" Doch ehe Lisa antworten kann, fährt sie fort. „Hat Lisa dir denn auch die große Neuigkeit erzählt, Mona?"

Die große Neuigkeit? Was meint Frau Kreft? Unsicher wirft Mona Lisa einen Blick zu.

„Die Neu...igkeit?", stammelt sie ratlos.

„Na, dass sie ein Geschwisterchen bekommt, meine ich? Im März ist es so weit. Kurz vor eurer Kommunion."

Mona sieht ihre Freundin erstaunt an. Doch Lisa starrt nur mit versteinertem Gesicht auf den Boden.

„Das …, ja, das ist toll. Herzlichen Glückwunsch", gratuliert Mona schnell. „Aber ich muss jetzt los. Tschüss, Lisa. Bis morgen."

Am nächsten Tag zieht Mona Lisa in der großen Pause in eine Ecke des Schulhofs. „Warum hast du mir nichts von dem Baby gesagt?", fragt sie. „Du hast gestern so komisch geguckt, als deine Mutter es erzählt hat. Freust du dich denn gar nicht?"

Lisa reißt sich von ihr los. „Das bildest du dir ein", murmelt sie.

Mona schüttelt den Kopf und sagt: „Glaub ich nicht."

Lisa schluckt schwer. Und dann kullern ihr auf einmal dicke Tränen übers Gesicht. Mona nimmt sie in den Arm und wartet, bis sie sich wieder etwas beruhigt hat.

„Du hast recht", schluchzt Lisa schließlich. „Alle finden das mit dem Baby toll. Aber ich … ich kann mich überhaupt nicht freuen. Ich hab Angst, dass Mama und Papa dann keine Zeit mehr für mich haben. Sie reden nur noch übers Baby. Mir hören sie gar nicht mehr zu. Ich will das Baby nicht. Ich will kein Geschwisterchen." Sie sieht Mona vorsichtig an. Ihr ist ganz elend zumute. „Das ist total gemein von mir, oder?", fragt sie so leise, dass ihre Freundin sie kaum verstehen kann.

„Ich weiß nicht", antwortet Mona nach einer Weile unsicher. „Irgendwie schon. Aber manchmal möchte ich meinen Bruder auch nicht haben. Besonders, wenn er mich ärgert oder meine Sachen klaut. Aber dann ist er wieder superlieb und ohne ihn wäre es echt langweilig."

Lisa wischt sich die Tränen vom Gesicht. „Eigentlich wollte ich ja eine kleine Schwester oder einen kleinen Bruder", sagt sie. „Aber jetzt nicht mehr."

Als sie nach der Schule nach Hause kommt, sind ihre Eltern gerade dabei, eine Wiege zusammenzubauen.

„Schau mal, Lisa", sagt ihre Mutter. „Ist die nicht schön?"

Lisa schluckt. Schon wieder nur das Baby! Früher hat Mama immer erst gefragt, wie die Schule war. Lisa hat plötzlich einen dicken Kloß im Hals. Der wird immer größer und größer, bis sie das Gefühl hat, keine Luft mehr zu bekommen.

„Nein, die sieht doof aus", bricht es aus ihr heraus. „Und ihr seid auch doof. Ihr habt mich überhaupt nicht mehr lieb. Und das Baby will ich auch nicht."

So schnell sie kann, läuft sie an ihren Eltern vorbei in ihr Zimmer, knallt die Tür zu und wirft sich aufs Bett. Sie vergräbt ihr Gesicht im Kopfkissen und fängt haltlos an zu weinen. So laut, dass sie nicht mitbekommt, wie die Zimmertür geöffnet wird. Erst als ihre Eltern sich zu ihr aufs Bett setzen, merkt Lisa, dass sie nicht mehr allein ist.

„Ist schon gut, Lisa-Schatz", sagt ihre Mutter und streicht ihr über den Rücken. So lange, bis Lisas Weinen leiser wird und sie sich aufsetzt.

„Seid ihr mir jetzt böse?", fragt sie. Ihr ist ganz schwer ums Herz und sie traut sich gar nicht, ihre Eltern anzusehen.

„Natürlich nicht", antwortet ihr Vater. „Aber jetzt erzähl uns mal, was los ist. Warum denkst du, dass wir dich nicht mehr lieb haben?"

Lisa schluchzt. „Ihr sprecht immer nur über das Baby", sagt sie. „Mir hört ihr überhaupt nicht mehr zu."

Einen Augenblick sind ihre Eltern ganz still.

„Du hast recht, Lisa", sagt ihr Vater nach einer Weile. „Weißt du, Mama und ich sind wegen des Babys so aufgeregt, dass wir das gar nicht gemerkt haben. Aber wir haben dich immer noch genauso lieb wie vorher. Daran ändert sich auch nichts. Und ich verspreche dir, dass wir dir ab jetzt wieder richtig zuhören. Und wenn nicht, musst du mit uns schimpfen, okay?"

Lisa sieht ihre Eltern an. „Ich soll mit euch schimpfen?"

„Ja", sagt ihr Vater und grinst schief. „Aber vielleicht nicht ganz so doll wie eben."

Ein Lächeln schleicht sich auf Lisas Gesicht. Ihr ist schon wieder etwas leichter zumute. „Abgemacht", sagt sie und versucht streng zu gucken. „Ich schimpfe dann wirklich mit euch."

„In Ordnung, Lisa-Maus." Ihre Mutter klingt erleichtert. „Und wenn du willst, kannst du nachher mit zu meiner Ärztin kommen. Dann kannst du das Baby schon mal sehen. Möchtest du das?"

„Aber das ist doch noch in deinem Bauch. Da kann ich das doch nicht sehen."

„Wart's ab", sagt Papa fröhlich.

„Hallo", begrüßt die Ärztin Lisa am Nachmittag. „Ich bin Frau Reuber."

Lisa schaut sie schüchtern an. „Ich bin Lisa", antwortet sie schließlich kaum hörbar.

„Weißt du, dass ich dich schon als kleines Baby kennengelernt habe, Lisa? Ach was, eigentlich kenne ich dich ja schon, seit du im Bauch von deiner Mama warst."

„Wirklich?" Erstaunt sieht Lisa Frau Reuber an.

Die Ärztin lacht. „Ja, genauso wie dein Geschwisterchen. Möchtest du es heute mal sehen?"

„Geht das denn wirklich?" Lisa kann das immer noch nicht glauben.

Frau Reuber lächelt. „Klar geht das. Komm, ich zeig's dir."

Inzwischen hat Lisas Mama sich auf eine Liege im Behandlungszimmer gelegt und ihren Bauch frei gemacht. Neben ihr steht ein großes Gerät mit einem Bildschirm.

„Das ist ein Ultraschallgerät", erklärt die Ärztin Lisa. „Damit können wir das Baby sehen."

Sie schaltet den Bildschirm an und fährt mit einem komisch geformten Teil über den runden Bauch von Lisas Mama. Gespannt schaut Lisa auf den Monitor. Zuerst kann sie gar nichts erkennen. Nur eine graue Fläche. Aber dann zeigt Frau Reuber ihr das Baby. Jetzt sieht Lisa es auch! Ihr klopft das Herz bis zum Hals. Da ist tatsächlich ihr Geschwisterchen – in Mamas Bauch! Es ist noch ganz klein, aber man kann schon genau den Kopf, die Arme und die Beine erkennen. Lisa kann gar nicht aufhören, es anzusehen.

„Mama", ruft sie plötzlich. „Guck mal, es nuckelt am Daumen."

Ihre Mutter lacht. „Du hast recht, Lisa."

„Ja, das machen manche Babys schon vor ihrer Geburt", erklärt Frau Reuber. „Und weißt du was, Lisa? Dein Geschwisterchen kann dich auch schon hören."

„Ehrlich?" Lisas Augen werden immer größer. „Dann kann ich ihm nachher eine Gute-Nacht-Geschichte erzählen oder was vorsingen?"

„Aber sicher. So lernt das Baby deine Stimme schon kennen, bevor es auf die Welt kommt." Frau Reuber lächelt. „Ich glaube, du wirst eine tolle große Schwester, Lisa. Was meinst du, möchtest du ein Foto von deinem Geschwisterchen haben?"

Lisa kann nur nicken. Sie hat schon wieder einen Kloß im Hals. Aber diesmal, weil sie sich plötzlich ganz, ganz glücklich fühlt.

Zu Hause wartet noch eine Überraschung auf Lisa. Vor der Tür sitzt ein kleiner schwarzer Stoffhund. Er hat ein Schild um den Hals, auf dem „Für Lisa" steht.

„Wo kommt der denn her?", fragt ihre Mama erstaunt.

Lisa lacht. Sie hat den Hund sofort erkannt. Normalerweise sitzt er auf dem Bett in Monas Zimmer. „Der ist von Mona",

sagt sie und drückt das Kuscheltier fest an sich. Ihre Freundin ist einfach die Beste!

Am nächsten Tag ist schulfrei, weil die Lehrer eine Fortbildung besuchen. Deswegen sieht Lisa Mona erst nachmittags beim Kommunionunterricht wieder. Sie fängt ihre Freundin vorm Gemeindehaus ab und umarmt sie fest.

„Danke für den kleinen Hund."

Mona grinst verlegen. „Ich wollte dir eine Freude machen."

„Das hat geklappt", sagt Lisa und fährt aufgeregt fort: „Ich muss dir was zeigen." Vorsichtig holt sie das Ultraschallbild, das Frau Reuber ihr geschenkt hat, aus der Tasche. „Guck mal."

„Wow", staunt Mona. „Ist das euer Baby? Freust du dich jetzt doch, dass du einen Bruder oder eine Schwester bekommst?"

Lisa nickt und erzählt ihr, was gestern nach der Schule alles passiert ist.

„Und Frau Reuber hat gesagt, dass das Baby mich schon hören kann und dass ich eine tolle große Schwester werde", beendet sie ihren Bericht. Sie strahlt über das ganze Gesicht und fährt fort: „Und gleich zeig ich das Bild auch den anderen."

Mona lacht. „Ich hoffe, du hast auch die Bastelsachen dabei, die wir mitbringen sollten. Wir wollen doch heute unsere Kommunionkerzen verzieren."

„Keine Angst, ich hab alles", erklärt Lisa und steckt das Bild von ihrem Geschwisterchen sorgfältig zurück in ihre Tasche.

Flöckchen

 „Man, war Lisa heute aufgeregt", sagt Dru. Sie ist mit Amelie auf dem Nachhauseweg vom Kommunionunterricht.

„Ja, stimmt, und total stolz auf ihr Foto. Aber das wäre ich auch", meint Amelie. „Es ist doch wahnsinnig spannend, einen Bruder oder eine Schwester zu bekommen. Nett von der Ärztin, dass sie Lisa das Ultraschallbild geschenkt hat."

Dru nickt. „Aber weißt du, was ich richtig cool finde?", fragt sie dann und fährt fort: „Dass Lisa durch unsere Kommunionkerzen auf die Idee gekommen ist, eine Taufkerze für das Baby zu basteln."

Amelie nickt. „Es hat aber auch riesigen Spaß gemacht, die Kerzen zu verzieren."

„Finde ich auch." Dru lacht. „Deine ist übrigens superschön geworden. Das silberne Kreuz, die blauen Wellen und die grünen Fische. Das sieht toll zusammen aus."

„Findest du?" Amelie ist unsicher. „Ist sie nicht zu langweilig? Deine Kerze ist so schön bunt."

„Stimmt", antwortet Dru grinsend. „Bunt ist sie auf jeden Fall."

An der nächsten Straßenecke verabschieden sich die beiden voneinander. Dru geht nach links und Amelie nach rechts.

„Tschüss, Amelie, bis morgen in der Schule", sagt Dru und winkt ihrer Freundin zu. „Und mach dir keinen Kopf. Deine Kerze ist wirklich wunderschön."

Amelie sieht ihr noch einen Augenblick nach, bevor sie ihren Heimweg fortsetzt.

Plötzlich bleibt sie wie angewurzelt stehen.

Was war das? Da war doch ein Geräusch. Angestrengt lauscht sie. Ja, da war es wieder. Ganz leise.

„Miau."

Irgendwo muss eine Katze sein. Amelie sieht sich um. Am Fahrbahnrand auf der anderen Straßenseite bewegt sich etwas. Schnell läuft sie hinüber.

Es ist ein Kätzchen. Seine linke Vorderpfote ist seltsam verdreht. „Oh je, armes Kätzchen, bist du angefahren worden?" Vorsichtig nimmt Amelie das verletzte Tier auf den Arm. Es maunzt kläglich. Bestimmt hat es große Schmerzen. „Hoffentlich tue ich ihm nicht noch mehr weh", denkt Amelie beklommen, während sie das letzte Stück Weg nach Hause zurücklegt.

Dort angekommen, ruft sie sofort aufgeregt nach ihrem Vater.

„Papa ist nicht da", tönt es von oben. Amelies kleine Schwester Sina kommt die Treppe herunter.

Amelie spürt, wie sich ihr Hals zuschnürt. Was soll sie denn jetzt machen?

„Wo ist er denn?", fragt sie unruhig.

„Wir haben beim Einkaufen die Milch vergessen. Deshalb ist

er noch mal kurz losgefahren. Was willst du denn von ihm?"
Neugierig kommt Sina näher. „Was hast du da? – Oh, wie
süß. Ein Kätzchen! Darf ich es streicheln?"

„Nein!" Amelie dreht sich von ihrer Schwester weg. „Fass es
nicht an. Es ist verletzt. Du tust ihm nur weh."

Erschrocken weicht Sina zurück. „Ist es tot?", fragt sie ängstlich und fängt an zu schluchzen.

„Nein, nein", beruhigt Amelie sie schnell. „Aber es ist verletzt
und muss zum Tierarzt. Wie lange ist Papa denn schon weg?
Kommt er gleich wieder?"

„Er ist gerade erst los", antwortet Sina.

Was nun? Ratlos kaut Amelie auf ihrer Unterlippe herum. Sie
will nicht warten, bis Papa wieder da ist, und Mama kommt
auch erst am Abend nach Hause.

„Komm mal her, Sina", sagt Amelie deshalb. „Nimm das
Kätzchen einen Augenblick. Aber du musst ganz vorsichtig
sein."

Behutsam legt sie ihrer Schwester die kleine Katze in den Arm.
Dann holt sie einen geflochtenen Korb aus dem Keller und
polstert ihn mit Handtüchern weich aus. Sobald das Kätzchen im Korb liegt, deckt Amelie es mit einem Handtuch zu.

„Pass auf, Sina“, sagt sie. „Ich gehe jetzt zu Dr. Meier. Der hat seine Tierarztpraxis gleich hier um die Ecke in der Sperberstraße. Und du erzählst Papa, was passiert ist, wenn er zurückkommt.“

Sina schüttelt den Kopf. „Ich will mit“, schluchzt sie.

Amelie seufzt. „Na gut, dann zieh dich an. Ich schreib Papa einen Zettel.“

Gemeinsam machen sich die Geschwister auf den Weg zu Dr. Meier. Sie sind noch nicht weit gekommen, als Amelie plötzlich etwas Weiches, Kaltes auf ihrem Gesicht spürt. Überrascht blickt sie nach oben. „Es schneit“, ruft Sina begeistert. Sie bleibt stehen, breitet die Arme aus und versucht mit offenem Mund die Schneeflocken einzufangen.

„Komm, Sina.“ Ungeduldig zieht Amelie ihre Schwester mit sich. „Wir müssen weiter.“

Als sie in die Sperberstraße einbiegen, sehen sie schon von Weitem ein Schild an der Tür der Tierarztpraxis.

„Unsere Praxis ist für zwei Wochen geschlossen. Die Vertretung übernimmt Frau Dr. Arens, Friedensweg 57“, steht dort in großen Buchstaben.

Friedensweg?! Amelie traut ihren Augen nicht. Der Friedensweg ist am anderen Ende der Stadt. Das weiß sie, weil sie dort jeden Freitag Klavierunterricht hat. „Oh nein“, stöhnt sie.

„Was ist?“, fragt Sina. „Ist der Tierarzt nicht da?“

„Der ist zwei Wochen weg“, antwortet Amelie. „Wir müssen in den Friedensweg. Da ist ein anderer Tierarzt.“

„Ist das weit?"

Amelie nickt. „Aber schau mal, da vorn ist eine Haltestelle. Vielleicht können wir mit dem Bus fahren."

Doch es schneit immer heftiger und auf den Straßen kommen die Autos nur langsam voran.

Amelie seufzt. „Ich glaube, das mit dem Bus hat keinen Zweck. So langsam, wie die Autos fahren, sind wir ja zu Fuß fast schneller. Komm, Sina, wir laufen doch."

Tapfer trottet ihre Schwester hinter ihr her. Der Weg durch die Stadt zieht sich endlos. Es schneit immer heftiger und der Wind treibt den Mädchen die Schneeflocken ins Gesicht. Das tut weh und ihre Augen fangen an zu tränen.

„Sind wir bald da? Ich friere", jammert Sina.

„Es ist nicht mehr weit", tröstet ihre Schwester sie. In Wahrheit weiß Amelie selbst nicht genau, wo sie sind. Im Schneetreiben kann sie kaum etwas erkennen. Mit zusammengekniffenen Augen sieht sie sich angestrengt um. Da vorn ist eine Kreuzung. Und an einer Kreuzung gibt es Straßenschilder. Zum Glück sind die noch nicht ganz zugeschneit. „Hausmannstraße, Fliederweg, Friedensallee", entziffert Amelie mühsam und atmet auf. Die Friedensstraße zweigt von der Friedensallee ab. Sie müssen nur noch rechts abbiegen. Dann haben sie es geschafft. Erleichtert drückt Amelie den Klingelknopf, als sie die Praxis erreicht haben. Es dauert eine Weile, bis von innen der Schlüssel umgedreht wird.

„Wir haben schon geschlossen", verkündet die Frau, die die Tür öffnet. Sie verstummt, als sie die beiden Mädchen sieht.

Amelie ist den Tränen nahe. „Können Sie bitte trotzdem das Kätzchen hier untersuchen? Ich glaube, ein Auto hat es angefahren, und wir sind durch die ganze Stadt gelaufen. Dr. Meier ist doch nicht da."

„Durch die ganze Stadt? Bei dem Wetter?" Fassungslos mustert die Frau die Mädchen. „Kommt schnell herein, ihr zwei. Ihr müsst ja vollkommen durchgefroren sein. Wissen eure Eltern denn, wo ihr seid?"

Kurz darauf sitzen Amelie und Sina im warmen Wartezimmer der Tierarztpraxis. Nachdem Frau Arens mit Mama und Papa telefoniert hat, damit sie sich keine Sorgen machen, ist sie mit der kleinen Katze im Behandlungszimmer verschwunden. Ungeduldig wartet Amelie darauf, dass sie zurückkommt. Sie kann kaum stillsitzen und wackelt nervös mit den Beinen. Die Uhr an der Wand tickt leise vor sich hin.

Amelie kommt es so vor, als würden die Zeiger sich überhaupt nicht vorwärtsbewegen. Und Sina schreckt bei jedem Geräusch auf und blickt angespannt zur Tür, hinter der die Ärztin mit dem Kätzchen verschwunden ist. Dann endlich geht sie auf und Frau Arens tritt heraus.

„Geht es dem Kätzchen gut?", fragt Amelie sofort ängstlich.

Die Tierärztin nickt und schenkt den beiden ein beruhigendes Lächeln.

„Es ist zum Glück nicht schwer verletzt", berichtet sie. „Bis auf eine gebrochene Pfote hat es keine Verletzungen. Das kriegen wir wieder hin. Gut, dass ihr es gefunden habt. Sonst wäre das arme Tier sicher erfroren. Ihr habt ihm das Leben gerettet."

Das Klingeln der Türglocke unterbricht das erleichterte Jubeln der beiden Mädchen. „Das sind bestimmt eure Eltern."

Sina läuft zur Tür und reißt sie auf. „Mama", ruft sie glücklich. Und auch Amelie spürt, wie ihr beim Anblick ihrer Mutter viel leichter ums Herz wird.

„Sina! Amelie!" Frau Sander schließt ihre Töchter ganz fest in die Arme. Man sieht ihr an, wie erleichtert sie ist. „Bin ich froh, dass es euch gut geht. Nachdem wir euren Zettel gefunden haben, sind Papa und ich zu Dr. Meier gegangen. Wir haben uns große Sorgen gemacht, als wir gesehen haben, dass die Praxis geschlossen ist und in dem Schneegestöber keine Spur von euch zu sehen war. Ihr könnt doch nicht einfach um diese Uhrzeit alleine durch die Stadt laufen, und das auch noch bei diesem Wetter!", fügt sie hinzu.

„Amelie hat ein Kätzchen gefunden. Das hat geblutet", erklärt Sina mit ernstem Gesicht. „Aber jetzt geht es ihm schon wieder besser. Dürfen wir es behalten?"

Frau Sander nimmt sie auf den Arm. „Frau Arens hat mir schon von eurer Heldentat berichtet", sagt sie. „Aber behalten können wir das Kätzchen sicher nicht. Irgendwem gehört es ja."

Enttäuscht schauen Amelie und Sina sich an.

„Außerdem muss es noch ein paar Tage zur Beobachtung hierbleiben", erklärt Frau Arens. „Ich sage im Tierheim Bescheid, dass die kleine Katze bei mir ist. Wenn sich der Besitzer melden sollte, erzähle ich ihm, dass ihr das Kätzchen gerettet habt. Dann dürft ihr es bestimmt besuchen."

„Das ist eine gute Idee und vielen Dank für Ihre Hilfe, Frau Arens", sagt Amelies Mutter. „Und jetzt ab, ihr zwei", sie schiebt ihre Töchter zur Tür. „Papa wartet draußen im Auto. Zu Hause geht's in die warme Wanne und nach dem Essen direkt ins Bett. Ihr müsst doch hundemüde sein."

Ein paar Tage später kommt Amelie nachmittags vom Klavierunterricht nach Hause. Ihre Mutter öffnet ihr die Tür.

„Da bist du ja", begrüßt sie ihre Tochter und macht ein geheimnisvolles Gesicht. „Wir haben ein neues Familienmitglied."

Ein neues Familienmitglied? Was meint Mama denn damit? Doch ehe Amelie sie danach fragen kann, taucht Sina auf.

„Amelie, komm schnell. Das Kätzchen ist da."

Das Kätzchen?

Amelies Mutter nickt. „Frau Arens hat es vorhin vorbeigebracht. Sie konnte den Besitzer nicht finden und im Tierheim hat sich auch niemand gemeldet, der seine Katze vermisst. Wenn ihr wollt, dürft ihr zwei das Kätzchen behalten. Papa ist auch einverstanden."

Amelie kann es kaum glauben. Sie könnte platzen vor Freude und strahlt über das ganze Gesicht.

„Wie soll es denn eigentlich heißen?", fragt ihre Mutter.

„Flöckchen", ruft Amelie wie aus der Pistole geschossen. „Es heißt Flöckchen."

Der Mann aus dem Eis

„Wie geht's Flöckchen?", fragt Dru.

Es ist der erste Kommunionunterricht nach den Weihnachtsferien und Dru hat Amelie und Flöckchen seit zwei Wochen nicht gesehen.

Amelie lacht. „Flöckchen geht's super", antwortet sie. „Sie ist schon ganz schön gewachsen und frech wie Oskar, meint Papa."

„Wie Oskar?", beschwert sich Oskar gespielt entrüstet. „Was willst du denn damit sagen?" Weiter kommt er nicht. Ein lauter Schrei unterbricht ihn.

„Juhu, es schneit." Tom läuft zum Fenster, vor dem dicke Schneeflocken vom Himmel wirbeln. Tom hat zu Weihnachten einen Lenkschlitten geschenkt bekommen und brennt darauf, ihn auszuprobieren. Deshalb ist er auch der Erste, der laut „Ja" jubelt, als Pfarrer Prigge fragt: „Wie sieht es aus? Wenn der Schnee bis nächste Woche liegen bleibt, wollen wir dann Schlitten fahren?"

In der folgenden Woche treffen sie sich auf der großen Schlittenwiese am Weiher. Der Schnee ist tatsächlich liegen geblieben und in den letzten Tagen ist sogar noch mehr dazugekommen. Die dicke, weiche Schneedecke, die nun auf den Hügeln liegt, glitzert im Sonnenlicht und der Himmel ist glasklar. Ein perfekter Schlittentag. Schnell kraxeln die Kinder den Hang hinauf, mit den unterschiedlichsten Schlitten im Schlepptau. Immer wieder sausen sie die lange Piste hinab. Dru, Melissa und Oskar mit ihren Holzschlitten, Mona, Britta, Lukas, Amelie und Ben auf Rutschtellern und Tamara, Lisa, Pedro und Tom mit ihren wahnsinnig schnellen Lenkschlitten.

„Komm, wir machen eine Wettfahrt", ruft Pfarrer Prigge Tom zu. „Mal sehen, ob mein alter Holzschlitten mit deinem Superteil mithalten kann."

Tom nimmt die Herausforderung grinsend an. Lukas gibt das Startzeichen und los geht's. Tom hat sich blitzschnell abgestoßen, aber auch Pfarrer Prigge ist mit seinem Schlitten gut weggekommen. Seite an Seite sausen sie den Hang hinab. Dabei schiebt Tom sich langsam am Pfarrer vorbei. Doch plötzlich saust er über einen kleinen Hubbel und fliegt

mit seinem Schlitten durch die Luft. Als er wieder aufsetzt, ist sein Vorsprung dahin. Auf dem letzten Stück wird die Piste jedoch etwas steiler und Tom nimmt wieder Fahrt auf. Eine Schlittenlänge vor Pfarrer Prigge schießt er durchs Ziel.

„Gewonnen", jubelt er.

Im nächsten Moment trifft ihn ein Schneeball an der Schulter.

„Getroffen", triumphiert Dru.

„Na warte!" Tom schnappt sich eine Handvoll Schnee und stürmt auf sie zu. Dru macht auf dem Absatz kehrt und ergreift die Flucht. Doch sie ist nicht schnell genug. Toms Schneeball erwischt sie am Rücken. Amelie kommt ihrer Freundin zu Hilfe und schon ist die schönste Schneeballschlacht im Gang. Und Pfarrer Prigge mittendrin.

Plötzlich hebt Pedro die Hand. „Seid mal ruhig. Ich hab was gehört."

„Hilfe ... Hilfe!"

„Das kommt vom Weiher", ruft Pfarrer Prigge und läuft los, die Kinder hinter ihm her. Am vereisten Gewässer sehen sie sofort, was passiert ist. Ein Mann ist eingebrochen. Verzweifelt versucht er, aufs Eis zurückzukommen. Aber immer wieder bricht es unter ihm weg.

„Bleiben Sie ruhig, wir helfen Ihnen", ruft Pfarrer Prigge. „Versuchen Sie sich am Rand festzuhalten. Hier, Ben, wähle 112."

Er zieht sein Handy aus der Tasche. „Und du, Tom ..."

„Ich weiß schon." Tom lässt ihn gar nicht ausreden. „Ich laufe zur Straße und zeige der Feuerwehr den Weg."

„Richtig." Pfarrer Prigge nickt und blickt sich eilig um. „Wir brauchen ein langes Brett oder einen langen Ast. Seht ihr so was?", ruft er in die Runde.

„Da hinten", ruft Pedro, läuft zu einer Baumgruppe und kommt mit einem langen, kräftigen Ast zurück.

„Der ist super." Pfarrer Prigge schnappt sich den Ast und läuft zum See.

„Egal, was passiert. Ihr bleibt am Ufer", weist er seine Kommuniongruppe an. Dann legt er sich flach aufs Eis, robbt vorsichtig in die Nähe der Einbruchstelle und schiebt dem Mann im Wasser ein Ende des Asts hin.

„Hier", ruft er. „Versuchen Sie sich daran festzuhalten."

Die Kinder halten die Luft an, als sie beobachten, wie der Mann nach dem Ast greift. Doch seine Hände sind so steif gefroren, dass er ihm entgleitet.

„Versuchen Sie es noch mal", ruft Pfarrer Prigge.

Wieder greift der Mann zu und diesmal bekommt er den Ast zu fassen. Alle atmen auf. Stück für Stück gelingt es dem Mann, sich aus dem Eis zu ziehen und hinter Pfarrer Prigge her ans sichere Ufer zu robben.

Dort rollt er sich auf den Rücken und schließt vor Erschöpfung die Augen. Nachdem er sich etwas erholt hat, hilft Pfarrer Prigge ihm, sich auf seinen Holzschlitten zu setzen. „Danke", flüstert der Mann. „Vielen Dank."

„Dru, kannst du ihm deinen Schal geben?", fragt Pfarrer Prigge, während er selbst seine Jacke auszieht und dem Geretteten umhängt.

„Klar", antwortet Dru und ist schon dabei, sich den Schal abzuwickeln.

„Meine Handschuhe können Sie auch haben", ruft Ben.

„Und meine Mütze", meldet sich Oskar zu Wort.

Kurz darauf treffen mit lautem Sirenengeheul Rettungswagen und Feuerwehr ein. „Na, das wird bei euch hoffentlich nicht zur Gewohnheit", ruft einer der Feuerwehrmänner, als er an Ben, Tom, Lukas und Oskar vorbeiläuft und ihnen zuzwinkert. Es ist der Einsatzleiter, der geholfen hat, Lukas aus dem Holzschiff zu befreien.

Nur wenige Minuten später ist der Mann aus dem Eis auf dem Weg ins Krankenhaus und die Feuerwehr fährt zur Wache zurück.

„Puh, was für ein Nachmittag", sagt Pfarrer Prigge. „Kommt, Kinder, auf ins Gemeindehaus. Ich mache uns allen jetzt erst mal einen schönen, heißen Kakao. Den haben wir uns verdient."

Im Gemeindehaus dreht Pfarrer Prigge die Heizung hoch und holt einen Stapel Wolldecken aus dem Schrank. Warm eingemummelt lassen sich alle den versprochenen Kakao schmecken. Das tut gut!
„Wie es dem Mann wohl geht?", spricht Tami nach einer Weile aus, was alle beschäftigt.
„Wisst ihr was? Ich rufe vom Büro aus im Krankenhaus an." Pfarrer Prigge springt kurz entschlossen auf. „Bin gleich wieder da."
Erwartungsvoll sehen die Kinder ihn an, als er nach einer Weile wieder auftaucht. Er lächelt. „Ich habe den zuständigen Arzt erreicht. Er darf mir ja keine Einzelheiten verraten, aber zumindest hat er mir gesagt, dass es dem Mann gut geht und er nicht allzu lange im Krankenhaus bleiben muss." Die Kinder sind froh, das zu hören. Erleichtert trinken sie ihren Kakao leer und machen sich etwas später beruhigt auf den Nachhauseweg.

Beim nächsten Kommunionunterricht ist der aufregende Schlittenausflug immer noch Thema Nummer eins.
„Weiß eigentlich jemand, wie der Mann heißt?", fragt Pedro in die Runde.
Die anderen schütteln den Kopf. In diesem Moment erscheint Pfarrer Prigge.

Aber er ist nicht allein. Eine Frau begleitet ihn, gefolgt von dem Mann aus dem Eis.

„Hallo zusammen", begrüßt der die Kinder. „Meine Frau und ich wollten uns bei euch dafür bedanken, dass ihr geholfen habt, mich aus dem Eis zu retten. Ich heiße übrigens Achim Godorf und das ist meine Frau Beate."

Frau Godorf lächelt in die Runde. „Ihr seid also die Retter von Achim", sagt sie. „Ich bin ja so froh, dass ihr an dem Tag da wart. Wer weiß, wie das Ganze sonst ausgegangen wäre. Und zum Dank haben wir euch etwas mitgebracht. Schiebt doch mal die Tische zusammen. Achim und ich holen inzwischen alles aus dem Auto."

Eifrig stellen die Kinder die Tische so zusammen, dass alle rundherum Platz finden. Gespannt warten sie auf die Rückkehr von Herrn und Frau Godorf.

„Schokoladenkuchen", ruft Lukas begeistert, als Frau Godorf mit zwei großen Kuchentellern an ihm vorbeigeht. Ihm läuft das Wasser im Mund zusammen.

„Ach was, Schokoladenkuchen", winkt Melissa ab. „Seht euch lieber die Kirschtorte an." Sie zeigt auf die zweite Tortenplatte. „Die sieht lecker aus."

Herr Godorf schleppt verschiedene Getränke herbei. Danach holt er zusammen mit Pfarrer Prigge aus der Küche des Gemeindezentrums Teller, Gläser und Besteck. „Das ist nur ein kleines Dankeschön für eure Hilfe", sagt er. „Wie meine Frau schon gesagt hat, wer weiß, was passiert wäre, wenn ihr nicht gewesen wärt."

„Warum sind Sie denn überhaupt aufs Eis gegangen?", fragt Dru neugierig.

Herr Godorf macht ein betretenes Gesicht. „Das war ganz schön leichtsinnig von mir. Aber wisst ihr, da steckte ein kleiner Vogel im Eis fest. Er hatte sich mit einer Kralle irgendwie verfangen und kam nicht wieder los. Ich wollte ihn befreien. Aber dabei bin ich eingebrochen … und, na ja, den Rest kennt ihr ja."

„Und der Vogel?", fragt Pedro. „Was ist aus dem Vogel geworden?"

„Der konnte sich selbst befreien. Der flog so schnell weg, das könnt ihr euch überhaupt nicht vorstellen." Herr Godorf lacht. „Aber jetzt ran an den Kuchen. Ich will nachher keinen Krümel mehr sehen."

„Keine Sorge", erklärt Lukas grinsend. „Das ist eine meiner leichtesten Übungen."

Alle lachen und lassen es sich schmecken. Nach einer halben Stunde ist tatsächlich nichts mehr vom Kuchen zu sehen und Herr Godorf erklärt zufrieden: „Also, Beate, der erste Teil unseres Dankeschöns ist anscheinend gut angekommen."

Die Kinder horchen auf. Der erste Teil des Dankeschöns? Was soll das denn bedeuten? Auf eine Erklärung müssen sie nicht lange warten. Pfarrer Prigge fordert sie auf, sich ihre Jacken, Mützen und Handschuhe anzuziehen, und dann folgen sie Herrn und Frau Godorf nach draußen.

„Wow!", entfährt es Mona, während die anderen sprachlos neben ihr stehen. Vor der Tür steht doch tatsächlich ein großer, von vier Pferden gezogener Schlitten!

„Ja, wollt ihr denn gar nicht einsteigen?", fragt Herr Godorf schmunzelnd.

Da gibt es für die Kinder kein Halten mehr. Jubelnd stürmen sie auf die freien Plätze. Herr Godorf schwingt sich auf den Kutschbock und greift nach den Zügeln. Er schnalzt mit der Zunge und ab geht's! Nur das leise Bimmeln der Schlittenglöckchen ist zu hören, als sie durch die winterliche Landschaft gleiten.

Das geheimnisvolle Medaillon

„Tami?" Frau Salzberg stellt einen Karton voll ausrangierter Kinderkleidung in Tamaras Zimmer. „Kannst du bitte diese alten Kleider auf den Dachboden bringen, bevor du zum Kommunionunterricht gehst?"

Tami verzieht das Gesicht. „Kann das nicht Tobi machen?", mault sie. Sie mag den Speicher nicht. Dort oben ist es gruselig, dunkel und furchtbar muffig.

„Dein Bruder ist gerade weg zum Fußballtraining. Das weißt du doch."

Mürrisch legt Tami das Buch zur Seite, das Amelie ihr geliehen hat. Sie schnappt sich den Karton und steigt die Stufen zum Dachboden hoch.

Die alte Holztür zum Speicher ist verzogen. Tami muss sich mit ihrem ganzen Gewicht dagegenwerfen, um sie aufzubekommen. Oben angekommen, hält sie einen Moment inne, bis sich ihre Augen an die Dunkelheit gewöhnt haben.

Die Luft auf dem Dachboden riecht abgestanden. In den Strahlen der ersten Frühlingssonne, die durch das kleine Dachfenster fallen, tanzen Staubkörner. Tami schüttelt sich. Immer wenn sie hier oben ist, hat sie das Gefühl, dass sich der Staub zentimeterdick auf ihr Gesicht legt. Sie stellt den Karton ab und gibt ihm mit dem Fuß einen heftigen Schubs. Er schlittert über den Boden auf die andere Seite des Speichers und verschwindet im Dunkeln.

Auftrag erledigt. Bloß schnell weg hier. So ganz geheuer ist ihr der Dachboden nicht.

Mit aller Kraft versucht Tami, die klemmende Tür hinter sich zuzuziehen. Plötzlich stutzt sie. Was ist das für ein Glitzern? Neugierig schiebt sie die Tür wieder auf. Vergessen ist das mulmige Gefühl, das sie auf dem Speicher immer beschleicht. Sie kniet sich hin und untersucht mit zusammengekniffenen Augen den Fußboden unter dem Dachfenster. Das Glitzern kommt aus einem fingerbreiten Spalt zwischen zwei Dielenbrettern.

Mist, mit der Hand kommt Tami nicht weit genug hinein. Sie kriegt das Glitzerding einfach nicht zu fassen. Es rutscht nur immer weiter unter die Bretter.

Tami sieht sich um. An einem Nagel am Dachbalken hängt ein altes Stück Draht. Geschickt formt sie einen Haken daraus und schiebt ihn zwischen die Dielenbretter. Endlich bekommt sie das glitzernde Etwas zu fassen und kann es herausziehen. Neugierig betrachtet Tami ihren Fund. Es ist eine goldene Kette mit einem Medaillon.

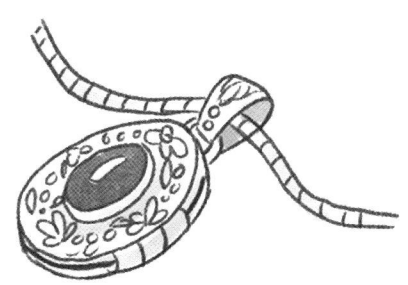

„Tami, was machst du denn so lange da oben?" Die Stimme ihrer Mutter lässt sie aufschrecken. „Du musst doch zum Kommunionunterricht." Auf der Treppe zum Dachboden sind Schritte zu hören und Frau Salzberg erscheint im Türrahmen. „Warum hockst du hier auf dem Boden? Du machst dir doch die Hose ganz schmutzig."

„Ach was, Mama", sagt Tami und lässt das Medaillon unauffällig in ihrer Hosentasche verschwinden. Sie will sich ihren Fund erst mal in Ruhe ansehen, bevor sie ihrer Mutter davon erzählt. Schnell steht sie auf und klopft sich den Staub von ihrer Jeans. „Siehst du, schon wieder sauber. Aber jetzt muss ich los. Tschüss, bis später."

Sie stürmt an ihrer Mutter vorbei in ihr Zimmer, schnappt sich die Tasche mit den Sachen für den Kommunionunterricht und macht sich auf den Weg zum Gemeindehaus.

Amelie und Dru sind schon da, als Tamara zur Tür hereinkommt. „Hi", begrüßt sie die beiden und setzt sich zu ihnen. Nach und nach treffen auch alle anderen ein, zuletzt Pfarrer Prigge.

„Herr Prigge", überfällt Dru ihn sofort. „Stimmt es, dass die Kirchengemeinde in zwei Wochen einen Frühlingsbasar veranstaltet?"

Der Pfarrer nickt. „Das stimmt. Warum fragst du?"

Dru lacht. „Ich hab da so eine Idee."

Gespannt warten die anderen, was jetzt kommt. Dru ist schließlich immer für eine Überraschung gut.

„Ich war am Wochenende mit meinen Eltern im Tierheim, weil wir uns einen kleinen Hund holen wollen. Die Leute da sind superlieb zu den Tieren, aber sie haben nicht viel Geld. Das reicht gerade, um Futter für die Tiere zu kaufen. Für ein bisschen Spielzeug oder andere Sachen bleibt nicht viel übrig. Und jetzt ist ihnen auch noch das Dach kaputtgegangen. Es fehlt da wirklich an allem … Deshalb hab ich mir gedacht, wir könnten doch auf dem Basar Bücher, Spiele und noch andere Dinge verkaufen. Und das Geld spenden wir dann dem Tierheim, damit wenigstens das Dach repariert werden kann."

„Oh man, wenn mein Flöckchen irgendwo schlafen müsste, wo es reinregnet …" Amelie sieht bei dem Gedanken ganz betrübt aus. „Die armen Tiere. Ich helfe auf jeden Fall mit, Dru."

Pedro nickt. „Ich finde die Idee auch klasse."

„Und ich auch", ruft Tom. „Ich schnitze ein paar Tierfiguren."

„Und ich backe Waffeln", ertönt Melissas Stimme von hinten.

Pfarrer Prigge lacht. „Dann scheint das ja beschlossene Sache zu sein", sagt er. „Das ist wirklich ein schöner Gedanke. Gleich morgen kümmere ich mich darum, dass wir auf dem Basar einen Stand bekommen. Und ihr bringt nächste Woche alles mit, was ihr an Spielzeug, Büchern und anderen Sachen beisteuern könnt. Aber jetzt machen wir erst mal mit unserem Kommunionunterricht weiter."

„Das ist ein Supereinfall von Dru, oder?", flüstert Amelie Tami zu. „Meine Oma hat ganz viele alte Sachen. Davon dürfen wir bestimmt welche verkaufen."

Tami zieht die Halskette aus ihrer Hosentasche. „Sieh mal", sagt sie und zeigt Amelie das Schmuckstück. „Die Kette hab ich vorhin auf unserem Dachboden gefunden. Vielleicht können wir die auch auf dem Basar verkaufen."

„Wow, das ist ja ein schönes Medaillon", staunt Amelie. „Mach es mal auf. Vielleicht ist ja etwas drin."

Tatsächlich. Als Tami das Medaillon öffnet, entdeckt sie ein Foto, das eine junge Frau und einen jungen Mann zeigt.

„Die sehen nett aus", meint Amelie. „Sind das Verwandte von dir?"

Tami schüttelt den Kopf. „Nein, die kenne ich nicht."

„Ich finde, das können wir nicht verkaufen", erklärt Amelie. „Vielleicht finden wir heraus, wem es gehört."

„Na, ihr zwei?", erklingt plötzlich genau neben ihnen die Stimme von Pfarrer Prigge. Ertappt fahren die beiden Mädchen hoch. „Was gibt es denn so Wichtiges, dass ihr es nicht mitbekommt, wenn ich euch eine Frage stelle?"

„Entschuldigung", sagt Tami zerknirscht und zeigt ihm ihren Fund. „Wir haben nur überlegt, ob wir diese Kette auch auf dem Basar verkaufen sollen. Ich habe sie zu Hause auf dem Dachboden gefunden. Aber Amelie meint, wir sollten lieber herausfinden, wem sie gehört."

„Hm", meint Pfarrer Prigge und betrachtet nachdenklich das Medaillon. „Ich finde auch, verkaufen sollten wir es auf

keinen Fall. Aber herauszubekommen, wem es gehört, dürfte auch nicht so leicht sein. In eurem Haus haben vor euch mindestens fünf verschiedene Familien gewohnt, Tami. Das hat mir eine Dame aus dem Altenheim erzählt, als ich sie letztens besucht habe. Sie hat früher in eurer Straße gewohnt."

„Wir können das Foto doch kopieren und bei Tamis Nachbarn herumfragen, ob jemand weiß, wer das ist", schlägt Lukas vor. Genau wie alle anderen hat er neugierig das Gespräch zwischen Tami und Pfarrer Prigge verfolgt.

„Oder wir machen Plakate davon und hängen die überall auf", meldet sich Ben zu Wort.

Und schon ist eine lautstarke Diskussion im Gang, wie man am besten herausfindet, wem die Kette gehört. Ein schriller Pfiff bringt die Kinder schließlich zum Verstummen.

„Ich wusste gar nicht, dass ich noch so gut pfeifen kann", lacht Pfarrer Prigge. „Aber zurück zur Kette. Wenn ich es richtig sehe, haben wir jetzt neben den Vorbereitungen für den Verkaufsstand auf dem Frühlingsbasar noch eine zweite Aufgabe, und zwar, den Besitzer des Medaillons zu finden." Nachdenklich reibt er sich das Kinn. „Die Idee, das Foto zu kopieren und damit Tamis Nachbarn zu befragen, ist nicht schlecht. Und auch Bens Vorschlag, Plakate aufzuhängen, hört sich gut an. Gibst du mir die Kette für einen Augenblick, Tami? In meinem Büro kann ich das Bild einscannen, vergrößern und ausdrucken. Ich denke, zwanzig Plakate müssten reichen."

„Super!", freut sich Tami und reicht ihm die Kette.

„Also schön, ihr bastelt schon mal ein paar Verkaufsschilder für unseren Stand. Ihr wisst ja, wo ihr Papier, Kleber und so weiter findet. Ich bin gleich zurück. Und anschließend haben wir vielleicht noch ein bisschen Zeit, um die Geschichte zu besprechen, die ich für heute ausgesucht habe", sagt Herr Prigge und geht in sein Büro.

Zehn Minuten später ist er wieder da. „So, hier sind die Kopien. Leider konnte ich das Foto nicht sehr viel vergrößern, da es auf den Plakaten sonst zu unscharf geworden wäre. Wie verteilen wir die Aufgaben? Was meint ihr?"

„Ich finde, Tami befragt ihre Nachbarn", schlägt Ben vor.

„Schließlich hat sie die Kette bei sich auf dem Dachboden gefunden. Vielleicht haben die Frau und der Mann irgendwann
tatsächlich in ihrem Haus gewohnt. Dann kennt jemand von
den Nachbarn sie vielleicht noch."

„Gute Idee", stimmt Tami zu. „Amelie? Dru? Helft ihr mir?"
Ihre Freundinnen nicken sofort.

„Und ich kann Plakate aufhängen", bietet Tom an. „Wer
macht mit?"

„Ich", ruft Ben.

„Ich auch", ertönt Pedros Stimme.

„Schön, dann hätten wir das ja geklärt und können uns nun

unserer Geschichte zuwenden", schmunzelt Pfarrer Prigge. „Lisa, magst du mal vorlesen ...?"

Am nächsten Nachmittag fangen Tami, Amelie und Dru mit der Befragung an.

„Ich habe das Medaillon gestern meinen Eltern gezeigt und ihnen erzählt, dass ich es bei uns auf dem Dachboden gefunden habe", erzählt Tami auf dem Weg zu ihrer Nachbarin Frau Schmidt. „Sie kennen die Leute auf dem Foto aber nicht."

Am Nachbarhaus angekommen, öffnet ihnen Frau Schmidt nach kurzer Zeit die Tür.

„Hallo", begrüßt Tami sie. „Kennen Sie vielleicht die Leute auf diesem Bild? Wahrscheinlich haben die mal in unserem Haus gewohnt."

Eingehend studiert Frau Schmidt das Foto. „Nein, ich glaube nicht", sagt sie dann. Enttäuscht senkt Tami den Kopf. „Aber ich wohne auch erst seit zehn Jahren hier. Und der Kleidung und den Frisuren der beiden nach zu urteilen, ist das Bild bestimmt vierzig Jahre alt. Ihr solltet also lieber die Leute befragen, die schon genauso lange hier wohnen."

Die Mädchen sehen sich an. Frau Schmidt hat recht. Das Foto sieht wirklich alt aus. Darüber haben sie bisher noch gar nicht nachgedacht.

Zurück auf der Straße muss Dru plötzlich grinsen. „Seht mal", sagt sie. „Die anderen waren auch schon fleißig."

Am Laternenpfahl an der nächsten Ecke hängt eines der Suchplakate.

„Wenn Sie diese Personen kennen, melden Sie sich bitte bei Pfarrer Prigge, Tel.: 0155 65971238" steht in großen roten Buchstaben unter dem Bild.

Tami strahlt. „Tolles Plakat. Das werden bestimmt viele Leute sehen und vielleicht erkennt dann jemand die beiden."

Doch mit jedem Tag, den sie zusammen mit Dru und Amelie erfolglos von Haus zu Haus zieht und die Leute befragt, glaubt sie weniger daran. Keiner weiß, wer die Frau und der Mann sind, und auch die Plakate bringen keinen Erfolg. Niemand meldet sich bei Pfarrer Prigge.

Schneller als gedacht ist der Sonntag gekommen, an dem der Frühlingsbasar stattfindet, und die Kinder haben immer noch nicht herausgefunden, wem die Kette gehört.

„Am besten bringst du sie morgen zum Fundbüro", schlägt Pfarrer Prigge vor, als Tami ihm vormittags bei den letzten Vorbereitungen für den Basar hilft. Tami nickt niedergeschlagen. „Aber vorher probiere ich noch eine Sache aus", erklärt sie dann entschlossen. „Ich hänge das Plakat an unserem Stand auf."

Der Basar wird ein voller Erfolg. Schon nach einer Stunde haben die Kinder die Hälfte ihrer Sachen verkauft.

Plötzlich bleibt eine junge Frau vor ihrem Stand stehen.

„Kennen Sie die beiden vielleicht?", fragt Tami aufgeregt, als sie sieht, wie die Frau das Foto auf dem Plakat anstarrt.

„Ja …, das sind meine Großeltern. Woher habt ihr denn das Bild? Kann … kann es sein …" Die Frau zögert einen Augenblick und fährt dann fort: „Habt ihr etwa mein Medaillon gefunden? Ich habe früher hier in der Nähe gewohnt und als ich weggezogen bin, habe ich es beim Umzug verloren und nicht wiedergefunden."

Tami strahlt. „Ja! Ich hab es gefunden", sagt sie und holt die Kette aus ihrer Hosentasche. „Zwischen den Dielen auf unserem Dachboden."

Die Frau kann es gar nicht fassen. Langsam, mit Tränen in den Augen, nimmt sie Tami das Medaillon aus den Händen.

„Das … ist ja …", sie stockt. „Ich bin sprachlos. Vielen Dank!

Das bedeutet mir wirklich sehr viel. Weißt du, mein Vater hat die Kette von seiner Mutter geerbt und sie mir zum 18. Geburtstag geschenkt. Er war sehr traurig, als ich sie verloren habe … Ich weiß gar nicht, wie ich dir danken soll."

Tami merkt, wie ihr warm wird vor Freude, als sie in das strahlende Gesicht der Frau sieht. „Es ist schön, anderen Menschen zu helfen", denkt sie.

Glücklich hängt sich die Frau die Kette um den Hals.

„Entschuldige. Ich heiße übrigens Katharina Rudolf", stellt sie sich vor und schüttelt Tami lächelnd die Hand. „Einen tollen Verkaufsstand habt ihr. Sammelt ihr für einen bestimmten Zweck?"

Tami nickt. „Alles, was wir heute verdienen, kriegt das Tierheim", erklärt sie. „Das hat ein kaputtes Dach und es ist nicht genug Geld für die Reparatur da. Und deshalb wollen wir helfen."

„Das Dach ist also undicht?", wiederholt Frau Rudolf nachdenklich. „Warte einen Moment. Ich bin gleich wieder da."

Sie holt ihr Handy aus der Tasche und sucht sich eine ruhige Ecke zum Telefonieren. Etwas verwundert schaut Tami ihr nach. „Amelie, Dru", ruft sie dann aufgeregt. „Ich weiß jetzt, wer die Leute auf dem Foto sind."

Dru lacht lauthals. „Wir auch. Wir standen doch neben dir."

„Hab ich richtig gehört?" Pfarrer Prigge kommt angelaufen. „Das Rätsel um die Kette ist gelöst?"

Tami nickt und erzählt ihm, wie es dazu gekommen ist.

Nachdem sie ihr Telefonat beendet hat, kehrt Frau Rudolf an den Stand zurück. Pfarrer Prigge reicht ihr die Hand. „Sie sind also die lang gesuchte Besitzerin des Medaillons, das Tami gefunden hat."

„Genau", antwortet Frau Rudolf. „Ich hatte schon befürchtet, es nie mehr wiederzubekommen, und ganz bestimmt nicht damit gerechnet, es ausgerechnet hier zu finden. Ich habe eine Freundin von früher besucht und auf dem Nachhause- weg bin ich hier vorbeigekommen und habe den Basar ge- sehen. Gut, dass ich angehalten habe. Das Ganze ist ein rie- siges Geschenk für mich und deshalb freue ich mich, dass ich jetzt auch eine Überraschung für euch habe." Sie lächelt geheimnisvoll.

Eine Überraschung? Gespannt sehen die Kinder sie an.

„Ich habe gerade mit meinem Vater telefoniert", fährt Frau Rudolf fort. „Er ist genauso glücklich wie ich, dass die Kette wieder aufgetaucht ist. Und zum Dank repariert er das Dach des Tierheims. Er ist nämlich Dachdecker."

Das ist wirklich eine Überraschung. Die Kinder brechen in Jubel aus.

„Super", ruft Dru aufgeregt. „Dann kann das Tierheim ja das gesammelte Geld für andere Sachen verwenden. Für Futter oder so."

Pfarrer Prigge lacht. „Du hast recht, Dru. Sie können dort sicher jeden Cent gebrauchen."

kerzenschlamassel

„Das war unser letzter Unterricht vor der Kommunion. Habt ihr noch Fragen, bevor es Sonntag losgeht?" Aufmerksam schaut Pfarrer Prigge in die Runde, nachdem sie den Ablauf für den großen Tag noch einmal in der Kirche geprobt haben.

Den Kindern ist anzusehen, wie aufgeregt sie sind. Britta kaut auf einer Haarsträhne herum, Tami kichert nervös, Lukas kippelt mit seinem Stuhl und Tom spielt mit dem Kragenbändel seines Pullis.

Schüchtern meldet sich Amelie zu Wort: „Was ist, wenn ich mich bei meinem Text verspreche oder etwas vergesse?"

Pfarrer Prigge nickt. „Ich kann verstehen, dass ihr ein bisschen nervös seid und Angst davor habt, dass euch so etwas passiert. Aber ich bin mir sicher, ihr macht das alle ganz toll. Und wenn du dich tatsächlich versprichst, Amelie, ist das gar nicht schlimm. Das ist mir auch schon oft passiert. Dann holst du einmal tief Luft und machst einfach weiter."

„Und wenn ich beim Einzug in die Kirche stolpere und hinfalle?", fragt Pedro.

„Hinfallen, aufstehen, Krone richten, weitergehen", ruft Dru laut in die Runde. „Und beim Aufstehen und Kronerichten helfen wir dir."

Alle lachen befreit und Pfarrer Prigge sagt: „Wenn sonst keiner mehr Fragen hat, machen wir jetzt Schluss. Wir sehen

uns Sonntag. Denkt daran, eine halbe Stunde vor dem Gottesdienst da zu sein, und bringt eure Kommunionkerzen mit."
Pedro, Ben und Tom gehen noch ein Stück gemeinsam, bis sie sich an einer Weggabelung trennen müssen.
„Tschüss, Pedro, tschüss, Tom", sagt Ben, biegt rechts ab und trabt die Straße zum Haus seiner Eltern hinunter. Die anderen beiden sehen ihm nach.
„Ist schon ein bisschen komisch, oder?", fragt Pedro etwas bedrückt.
Tom sieht ihn an. „Was meinst du?"
„Na ja, auf jeden Fall für mich. Ihr zwei geht ja auf die gleiche Schule. Aber ich nicht. Nach der Kommunion werden wir uns wahrscheinlich gar nicht mehr sehen … Ihr werdet mir fehlen. Wir hatten im Unterricht doch so viel Spaß."
„Das stimmt." Tom nickt. Er runzelt die Stirn und überlegt. „Ich hab's! Du willst doch sowieso anfangen, Fußball zu spielen. Dann kannst du doch in unseren Verein kommen."
„Mmh, eigentlich keine schlechte Idee", antwortet Pedro nachdenklich. „Das mache ich vielleicht wirklich. Ich frag nachher mal meine Eltern, was sie dazu meinen."

Beim Abendessen spricht Pedro das Thema an.
„Mama, Papa, ich möchte im Verein Fußball spielen. Am liebsten da, wo auch Tom spielt. Geht das?"
Sein Vater sieht ihn erstaunt an. „Ich wusste gar nicht, dass du so ein Fußballfan bist? Bislang gefiel dir doch Handball viel besser, oder?"

„Ja, schon", antwortet Pedro. „Aber beim Kommunionunterricht habe ich in den Pausen immer mit Tom, Ben und Melissa gekickt und manchmal haben wir uns auch auf dem Fußballplatz getroffen. Das hat echt Spaß gemacht und ich bin gar nicht so schlecht, sagen die anderen." Erwartungsvoll schaut er seine Eltern an.

„Na gut, wenn Mama auch einverstanden ist, kannst du nach der Kommunion ja mal in Toms Verein vorbeischauen. Vielleicht darfst du erst ein-, zweimal probeweise mittrainieren", schlägt Herr Fontani vor. „Wenn es dir dann immer noch gefällt, melden wir dich an. In Ordnung?"

Pedro nickt und blickt flehend zu seiner Mutter. „Darf ich, Mama? Bitte!"

Frau Fontani lacht. „Ja, das ist ein guter Plan. Apropos Kommunion", fährt sie fort. „Haben wir alles vorbereitet oder hat Pfarrer Prigge noch etwas gesagt, das wir erledigen müssen?"

Pedro schüttelt den Kopf. „Nein, ich soll Sonntag nur eine halbe Stunde früher da sein und meine Kerze mitbringen."

„Das ist ja kein Problem, oder?", fragt Pedros Vater schmunzelnd. „Aber jetzt ab ins Bett mit dir. Es ist spät genug und morgen ist Schule."

Samstagmittag hält Pedros Mutter ihn am Arm fest, als er sich auf den Weg zum Sportplatz machen will. Er ist dort mit Tom verabredet und will nicht zu spät kommen. „Hast du deine Kommunionkerze schon herausgesucht? Ich kann sie nicht finden."

Pedro nickt. „Die hab ich schon gestern mit in mein Zimmer genommen."

Dann eilt er nach draußen. „Nichts wie weg", denkt er. Nicht dass seiner Mutter noch irgendeine Aufgabe einfällt, die er für sie erledigen soll, wie den Müll rausbringen oder seine dreckige Wäsche zusammensuchen. Er freut sich schon den ganzen Morgen auf das Treffen mit Tom.

„Hi, Tom", ruft Pedro schon von Weitem. „Ich habe meine Eltern gefragt, ob ich in eurem Verein Fußball spielen darf."

„Super! Und was haben sie gesagt?"

„Ich soll erst mal ein bisschen zur Probe mitmachen, um zu sehen, ob es mir gefällt. Geht das?"

„Ich glaub schon", antwortet Tom. „Wir fragen einfach meinen Trainer. Der hat bestimmt nichts dagegen. Man, es wäre echt klasse, wenn das klappt. Aber jetzt lass uns kicken."

Das lässt Pedro sich nicht zweimal sagen. Den ganzen Nachmittag verbringt er mit Tom auf dem Sportplatz. Erst als es anfängt, dunkel zu werden, verabschieden sie sich voneinander.

Zu Hause fällt Pedro die Kerze für den Kommuniongottesdienst wieder ein.

„Am besten stelle ich sie im Flur auf die Kommode", überlegt er. „Dann vergesse ich sie morgen auf keinen Fall."

In seinem Zimmer schaut er sich um. Wo hat er die Kerze bloß hingelegt? Sein Blick schweift umher und bleibt am Heizkörper neben seinem Schreibtisch hängen. Oh nein! Er hat seine Kerze vor zwei Tagen auf der Heizung abgestellt. Eigentlich kein Problem, denn sein Vater hatte sie schon ausgeschaltet. Aber gestern war es noch mal richtig kalt, sodass seine Mutter sie wieder angestellt hat. Und das ist der Kerze definitiv nicht bekommen. Entsetzt nimmt Pedro den zusammengeschmolzenen Klumpen Wachs in die Hand. Er schluckt schwer. Was soll er jetzt bloß tun? Sein Kopf schwirrt und er kann keinen klaren Gedanken fassen. Nur verschwommen bekommt er mit, dass es an der Haustür klingelt. Seine Zimmertür fliegt auf und Tom stürmt herein.

„Hey, Pedro, du hast deinen Pulli auf dem Sportplatz vergessen."

Tom stutzt, als er das Gesicht seines Freundes sieht. „Hey, was ist denn los?"

Wortlos deutet Pedro auf den Klumpen in seiner Hand.

„Was ist denn das?" Verdutzt nimmt ihm Tom die Reste der

Kerze weg und betrachtet den Haufen Wachs von allen Sei-
ten. Erschrocken schaut er auf. „Sag jetzt nicht, das ist deine
Kommunionkerze?!"

„D...d...doch", stammelt Pedro. Er lässt sich niedergeschlagen
aufs Bett plumpsen. „Was soll ich bloß tun? Ich kann doch
morgen nicht ohne Kerze zur Kirche kommen."

„Hm", grübelt Tom. Dann hat er eine Idee. „Ich hab's", platzt
er heraus. „Lisa hat doch vor vier Wochen eine kleine Schwester bekommen. Im letzten Kommunionunterricht hab ich
mitgekriegt, dass sie eine Taufkerze für das Baby basteln will.
Ich glaube, die Kerze hat sie schon gekauft. Vielleicht gibt sie
uns die und wir basteln daraus eine neue Kommunionkerze
für dich."

Pedros Miene hellt sich auf. „Meinst du, das geht?", fragt er
hoffnungsvoll.

Tom zuckt die Schultern. „Einen Versuch ist es auf alle Fälle
wert."

„Dann los", ruft Pedro und springt auf. „Wir fragen sie. Sie wohnt gleich hier um die Ecke."

Auf dem Weg nach draußen steckt er kurz den Kopf in die Küche.

„Mama, Tom und ich gehen noch mal kurz bei Lisa vorbei. Wir wollen sie wegen morgen was fragen."

„In Ordnung, Pedro", antwortet seine Mutter. „Aber denk dran, in einer halben Stunde gibt's Abendbrot."

Pedro nickt. „Geht klar." Und schon sind er und Tom zur Tür hinaus. Sie brauchen nur wenige Minuten, dann stehen sie vor Lisas Haustür und klingeln.

„Was macht ihr denn hier?", fragt Lisa erstaunt, als sie die Tür öffnet.

Mit einem Blick auf Pedros peinlich berührten Gesichtsausdruck erklärt Tom schnell, was passiert ist.

„Oh je, das ist aber wirklich blöd", sagt Lisa mitfühlend. „Was willst du denn jetzt machen, Pedro?"

„Ähm, Tom sagt, dass du eine Taufkerze für deine kleine Schwester basteln willst. Und, also …, ich wollte fragen … hast du die Kerze schon fertig? Wenn nicht … dann … also, würdest du sie mir geben?" Pedro kratzt sich am Hals. „Ich hol dir Montag auch sofort eine neue", fügt er schnell hinzu.

Lisa nickt und lächelt. „Klar kannst du die Kerze haben. Aber ich habe nichts mehr zum Verzieren. Habt ihr denn noch was?"

„Nein", antwortet Pedro niedergeschlagen und auch Tom schüttelt den Kopf.

„Hm, kommt erst mal rein. Ich ruf Mona an. Vielleicht hat sie noch Wachsreste."

Tom und Pedro warten in Lisas Zimmer, während sie telefoniert. Nervös läuft Pedro auf und ab. Was ist, wenn Mona auch nichts mehr zum Verzieren hat? Was soll er dann bloß machen? Doch als Lisa zurückkommt, hat sie gute Neuigkeiten. „Mona ist nicht zu Hause", erzählt sie. „Aber ich hab Dru erwischt und sie hat noch einen ganzen Karton mit buntem Wachs. Sie kommt gleich vorbei und dann können wir zusammen deine Kerze basteln."

„Super." Pedro atmet erleichtert auf. „Ich flitz nur schnell nach Hause und sag meiner Mutter Bescheid."

„Du kannst sie doch anrufen", schlägt Lisa vor. „Und ich frag Papa, ob ihr zum Abendbrot bleiben könnt."

Nach dem Essen taucht Dru auf.

„Ehrlich, Pedro", kann sie sich nicht verkneifen, „das hast du ja super hingekriegt. Man stellt doch keine Kerze auf die Heizung."

„Das weiß ich jetzt auch", antwortet Pedro und grinst schief.

In Lisas Zimmer machen sie sich an die Arbeit. Lisa formt dünne Schnüre aus blauem Wachs. „Das werden Wellen", verkündet sie.

„Okay, dann mache ich einen Fisch." Tom schnappt sich das grüne Wachs und legt los. Pedro formt ein silbernes Kreuz und Dru viele bunte Blumen.

Tom sieht ihr über die Schulter. „Die passen aber nicht wirklich zum Rest, oder?", fragt er kritisch.

Dru lacht. „Doch, die passen super. Du wirst schon sehen."
Und sie hat recht. Als die Kerze fertig ist, betrachten die vier stolz ihr Werk. Vorne prangt Pedros silbernes Kreuz und darunter, eingeschlossen von Lisas blauen Wellen, Toms Fisch. Der Rest der Kerze ist übersät mit den bunten Blumen von Dru. „Die Kerze sieht wirklich toll aus", muss Tom zugeben.
Pedro strahlt. Ihm ist ein dicker, dicker Felsbrocken von der Seele geplumpst. „Danke, dass ihr mir geholfen habt", sagt er. „Ihr seid einfach klasse."

Am nächsten Morgen treffen sich alle Kinder der Kommuniongruppe wie verabredet eine halbe Stunde vor dem Gottesdienst im Gemeindehaus.

„Hierher, Tom", ruft Pedro, als sein Freund gemeinsam mit Ben, Oskar und Lukas zur Tür hereinkommt.

„Hey, Pedro", witzelt Tom, „ich hoffe, deine Kerze stand letzte Nacht nicht auf der Heizung." Mit den Fingern lockert er die Krawatte, die er um den Hals trägt. „Ehrlich, Leute, ich fühl mich ein bisschen verkleidet, so im Anzug und so."

„Ach Quatsch", ertönt hinter ihm Drus Stimme. „Ihr seht doch super aus."

Ben stöhnt laut auf, als er sie ansieht: „Nee Dru, echt jetzt? Nicht wirklich diese Dinger!"

Dru hat genau wie alle anderen Mädchen ein weißes Kleid an. Aber an ihren Ohren baumeln die Kastanienohrringe wie an ihrem ersten Tag im Kommunionunterricht.

„Was hast du gegen meine Ohrringe?", fragt sie und lacht. „Ich liebe diese Teile."

Ehe Ben darauf antworten kann, kommt Pfarrer Prigge ins Gemeindehaus.

„Guten Morgen zusammen", sagt er. „Habt ihr alle eure Kerzen dabei?" Prüfend sieht er sich um. „Pedro, deine Kerze sieht ja super aus. Aber hattest du nicht eigentlich eine andere gebastelt?"

Pedro nickt und erzählt ihm von seinem Missgeschick.

Pfarrer Prigge lacht. „Na, das habt ihr aber prima gelöst. Ich finde es richtig toll, wie ihr euch untereinander helft.

Denkt nur an die Nachtwanderung, als Dru Amelie getröstet hat."

„Oder an meinen Unfall auf dem Spielplatz. Da waren Ben, Tom und Oskar einfach super", wirft Lukas ein.

Pfarrer Prigge nickt. „Richtig. Und da war noch viel mehr. Unsere Hilfe für das Tierheim zum Beispiel. Oder die Rettung von Herrn Godorf. Und jetzt noch die Sache mit Pedros Kerze. Euch gegenseitig zu helfen, füreinander da zu sein, das ist genau das, was ich euch in unserer gemeinsamen Zeit vermitteln wollte. Ihr könnt wirklich stolz auf euch sein." Seine Stimme klingt etwas belegt, als er fortfährt: „Ich bin jedenfalls sehr stolz auf

euch." Er atmet tief durch: „Aber nun ist es so weit. Seid ihr bereit?"

Aufgeregt sehen die Kinder sich an. Eigentlich können sie es gar nicht glauben, dass ihre gemeinsame Zeit mit Pfarrer Prigge jetzt vorbei ist und sie heute ihre Kommunion feiern. Man sieht ihnen an, dass sie trotz aller Aufregung und Freude auch ein bisschen traurig sind. Doch dann ertönt plötzlich Drus fröhliche Stimme: „Klar sind wir bereit. Los Leute, auf geht's."

Alle lachen und stellen sich so auf, wie sie es vor ein paar Tagen geübt haben. Mit feierlichen Gesichtern ziehen sie in den Gottesdienst ein – angeführt von Pedro mit seiner neuen Kerze.